U0540116

看見
改變的力量

張群—— 著

推薦序

佛法裡的清香

國際佛光會世界總會秘書長
人間佛教讀書會總部執行長
覺培

在當今社會，能夠將佛法融入生活，並將個人修行的體悟化為文字，實屬難得之舉。張群檀講師正是這樣一位虔誠的學佛人，他以真摯的修行與靜觀的心，將自己多年來對佛法的理解、生活的磨練與心靈的成長，凝結成《看見改變的力量》這本書，無疑是現代人心靈上的寶貴指南。

張群檀講師軍人出身，在經歷了世間的磨練後，進入佛法的學習，淬鍊出柔和謙遜的性格，展現了「柔能克剛」的修行智慧。他以「六度萬行」為書中拉開序幕，從〈人生八苦〉到〈不忘初心〉，從〈不念舊惡〉、〈不變隨緣〉到〈無可得〉，逐步揭示了心性養成的寶貴心得。

「人間菩提」他也探討了現代人所面臨的〈命運〉課題，傳達了〈知足〉常樂、〈素食〉養生的簡樸智慧。尤其是在章節間穿插的〈懺悔〉與〈謙卑低頭〉，讓讀者真切體會到佛法的修行不僅是高深的理論，更是切實的生活指引。

「走讀山水」透過景物的描寫，展現了張講師於自然間所修得的心境體會，他筆下的〈人間花香〉，不僅僅是景物的觀照，更是心靈的芬芳。從回憶〈父親的背影〉，讓人感受到他對生命的深情，亦可窺見他是個懂得生活、善於將佛法融入日常的智者。

《看見改變的力量》不僅僅是一本修行筆記，它是張群檀講師對自己與生活的觀照、對佛法的理解，更是對人生的一份柔情與智慧的分享。相信無論是初學佛法的讀者，或是已走在修行路上的同行者，都能從這本書中獲得深深的啟發。張講師以其深厚的修行，撰寫出一篇篇富有意涵的文章，誠摯地指引著每位讀者走入心靈的旅程。

「看見改變的力量」，讓我們在張群檀講師的引導下，細品佛法智慧的清香，一步步邁向自我心靈的昇華。

自序

與善人居

佛教八大宗派，三藏十二部經，八萬四千法門，浩瀚偉岸，難以窮盡，若能悠遊法海，取一瓢飲，甘之如飴。末學何其榮幸，皈依臨濟宗第四十八代傳人佛光山開山祖師星雲大師座下，成為大師的在家弟子，在佛光大家庭裡學習成長。大師的慈悲智慧，圓融隨和，德行威儀，高風亮節及大格局的遠見睿智，堪為現代世人學習的典範。平時，我個人喜愛閱讀經典並帶領讀書會，多以大師的著作為研習教材，試著依循大師走過的路，學習大師的菩薩性格與如來智慧示現的遺跡，行佛所行，作佛所作，唯法所依。回首加入佛光會今年已邁入第二十六個年頭了，雖然末學才疏學淺，慈悲智慧不足，尚有很大的試煉與雕琢的空間，但我樂於在此諸上善人俱會一處的善知識裡，不斷地學習、成長，故自覺與善人居，如入芝蘭之室，久而不聞其香，即與之化矣。

二〇〇六年承蒙國際佛光會世界總會的厚愛，末學榮任「檀講師」殊榮，並於世界會員代表大會中接受大師親自授證，讓我既驚又喜，驚的是我何德何能？堪受弘法重任？喜的是多年的努力，總算有了小小的實現，圓滿我弘法度眾的心願，何嘗不是一種責任與使命的承擔。大師希望佛門弟子共同團結合作，一起續佛慧命，他說：「法幢不容傾倒，慧燈不可熄滅。」這就是僧俗二眾為佛教肩負捨我其誰的神聖使命，讓我們一起為大師的慈心悲願，將「人間佛教」的理念，弘傳流布於人間，「佛光普照三千界，法水長流五大洲」的人間淨土，早日實現。個人對大師的敬仰，就如同他的法名一般，如星光燦爛彌堅，像白雲飄逸幽雅。雖然大師在二〇〇六年八十歲時，宣布「封人」，但並不影響大師一生對佛教的貢獻，大師一生著作等身，從他的著作中，我們可以熏習到很多的慈悲與智慧；末學將效法大師以「文字般若」弘法度眾，與大眾結緣。嚴格說，是大師慈悲，給了我法身慧命，是我生命中的貴人。

感謝大師，感謝月光寺前住持覺華法師給我講說的因緣，國際佛光會中華總會秘書長覺培法師不吝提攜，《聯統日報》董事長兼發行人吳耀欽一句話的成就，鼓勵我重拾頹筆的勇氣，還有許多善因緣的促成，更感謝我同修背後的精神支持，這些善知識，由衷地感恩您們！《看見改變的力量》一書，文稿主要刊載於《聯統日報》「張叔叔心靈加油站」專欄及《人間福報》、《更生日報》副刊，今結集出書，希望本書能對大眾有一點點的受用與啟發。現代人生活異常忙碌，但心靈相對空虛，寄望藉由此書能填補、安住您的身心，引導您走向正見、智慧的人生；今付梓在即，疏漏難免，祈望前輩，不吝指正，讓後學有學習成長的機會及激發再向前的動力。

二〇二四年七月十九日寫於花蓮

張群

目錄

六度萬行

人間菩提

走讀山水

六度萬行

古德云：

人身難得今已得，佛法難聞今已聞；
此身不向今生度，更向何生度此身。

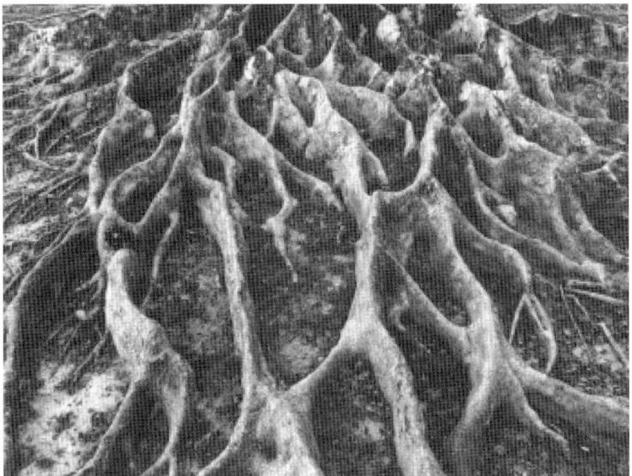

1 人生八苦

佛法中的八苦指的是「生、老、病、死苦，求不得苦，愛別離苦，怨憎會苦，五蘊熾盛苦。」每個人一生中都會面對生、老、病、死的考驗及年華老去、病魔纏身等問題。了解因緣的人，他認為這是自然的現象，而能坦然面對；重點在如何將善緣增上，惡緣降伏，則有賴福德善根的長養，所以我們要廣結善緣，多修淨因。《阿彌陀經》有云：「不可以少善根福德因緣，得生彼國。」就清楚地告訴我們，人因前世業因，招感今生*正、依報的不同，而顯現出千差萬別的業報體。茲將「八苦」分述如下，供大家參考：

一、「生」苦：生從何來？是三世因果的業感。「生」固然可喜，但最重要的是要把握這一期有限的生命，讓他發光發熱，利益眾生。

二、「老」苦：年華老去，色身腐朽，我們要有警惕心，人都會老，所以學佛要趁早，趁年輕時多儲存資糧。老沒關係，要有德行，才會受人尊敬。

三、「病」苦：每個人都會遇到病痛的時候，只是大病、小病而已，身病好治，依現代醫療科技，只要早期發現，對症下藥，就有希望治癒；但心病難醫，心病還需心藥醫。佛陀是大醫王，專治眾生的疑難雜症，只要你依教奉行，清淨三業，藥到病除，其實不難。

四、「死」苦：有生就有死，我們凡夫眾生流轉於生死業海之中，生生死死，死死生生。如同時鐘一般，沒有起頭，也無終點。惑、業、苦的不斷輪迴，輾轉相續。但我們要了知「死」如同舊屋搬新家一樣，只要死而重於泰山，死得其所，就不會有遺憾。

五、「求不得」苦：往往我們想要的，總是不能如願，包括錢財、名位、健康、長壽、愛情等等世間五欲，為什麼都無法圓滿，事與願違。世事「*無常」，求不得苦呀！

六、「愛別離」苦：與心愛的人或親人，相聚時最快樂，但總是聚少離多；初戀情人，大都不能結合，障礙重重。見面要分離的時候，難分難捨，那種痛苦，只有戀愛中的人，可以體會。恨不得生生世世，長相斯守。

七、「怨憎會」苦：不喜歡的人，偏偏相遇在一起，如影隨形，益加憎恨；其實這都是自心所影現的東西，隨緣赴感，你越逃避，他就越出現，懂得佛法的人就能銷融、回向，不起差別對待之心。藕益大師說：「境緣無好醜，好醜起於心。」

八、「五蘊熾盛」苦：色、受、想、行、識等五蘊。「色」為一切有形物質的總稱；「受、想、行、識」則是心所了別的境界，他是遷流變化、無自性、又無主宰性、也是因緣和合的。

佛陀時代，有一個老婆婆死了可愛的兒子，每天以淚洗面，有人建議她去找佛陀。老婆婆見了佛陀跪倒說：「我有一個可愛的兒子，不幸死了，聽說您神通廣大，請您大發慈悲救活我的兒子，我將成為您的弟子，護持佛教。」佛陀聽了老婆婆無理的要求，慈祥地告訴她：「世間上有一種藥草，叫做吉祥草，如果妳能找到一棵，給妳的孩子食用，就能起死回生。」老婆婆聽了很高興地追問：「請問佛陀，哪裡有吉祥草？」「這種吉祥草生長在沒有死過人的家裡，妳趕快去找吧！」老婆婆儘管晝夜奔波，挨家挨戶，走遍鄰里異國，就是沒有一戶人家不曾死過人，致一時陷入絕望之中。後來覺悟到死亡是人人必經的過程，是自然的現象。在佛陀善巧教化下，終於走出喪子的悲痛，重新迎向嶄新的人生。

《阿含經》云：「積聚終銷散，崇高必墮落；合會要當離，有生無不死。」說明世間萬有諸法，沒有一樣東西，可以恆常不變的，或是獨立自主的，必經成、住、壞、空的自然過程，這就是佛陀所說的：「人生苦、空、無常、*無我、不淨的真理。」

＊　＊　＊　＊　＊

正報：指依過去善惡業因而感得之果報正體，如生於人間，則具備四肢五官，受人間之果報。

依報：指國土世間，山河大地，所生於有情依託之處所。

無常：即有生滅變化，而無法保有短暫之同一狀態者，遷流變異。

無我：指一切事物並非有固定之實體，其存在皆屬因緣生，因緣滅。

2 人為什麼要修行

人為什麼要修行？又何謂「修行」？簡言之，就是修我們的「身、口、意」及修正自己宿世的習氣與不好的行為、觀念，去蕪存菁，讓未來及來世，有更好的去處，得到依、正報莊嚴之果報；但前提是，你必須相信世間有三世因果輪迴之說，因果理論有一既定的真理法則，簡單地說，就是「種瓜得瓜，種豆得豆」、「種善因得善果，種惡因得惡果」的意思。人的命運不是宇宙間所謂主宰者之賦予或掌控的，完全是由自己（身、口、意）的行為累積產生的果報，造業的根本業因首推「貪、瞋、癡」三毒，招感生生世世循環，輪轉不已，也就是佛教所說的業力牽引。藉修行可以改往修來，斷惡修善，趣向圓滿的人生。有些人認為「人定勝天」、「神通廣大」，但是神通抵不過業力，用風水占卜、紫微斗數、易經八卦等等改變命運，或許可以暫時獲取所需，如你所願，但這並不究竟；佛教不倡導旁門邪術，因為「改命不如改心」，若要徹底改變命運，追求現世福報，宜從「行善布施」做起。人因為是「業報身」而來，活在世間，前世業因感得今生「依、正報」不同，故每個人的福德因緣，千差萬別，但表象的人天福報，只是生滅的幻化，別據以為真，基本上，離開了真如法性，萬事萬物都只會讓人落入痛苦的深淵，因為「執著」的關係；當你進一步體悟到三界內一切萬法都是敗壞不安之相的無常法則時，你就會想要修行。修行也不是教你拋家棄子，隱遁山林，不問世事，或口言玄妙艱深的佛理；而是心有眾生，處眾圓融。所謂：「菩薩在眾生中求」，日常生活中，待人接物，時時念念奉行星雲大師所提倡的三好運動：「做好事、說好話、存好心」，這便是生活佛法，簡而易行。

經云：「覺知多欲為苦，生死疲勞，從貪欲起，少欲無為，身心自在。」如何才能降伏貪欲心？首先，生活要降低物欲，簡單過生活。從檢驗自己的三毒毒害情況，就可以了解自己修行的境界；拿同一件事情，以今年和去年做比較，你貪、瞋、癡心減少了多少？譬如說，你平常最討厭的人，在學佛之前，你對這個人的瞋恨心很重，現在則能夠釋懷寬容，見面時還會點頭打招呼，釋出善意，這表示修行後對自己心性有所改變，有提升，真正體悟萬事萬物都是成、住、壞、空，虛妄幻化。又如，學佛前，當你遇到失戀的情境，你可能會痛苦萬分，為情消瘦，學佛後，你懂得觀因緣，了解緣生緣滅的東西，不必強求，這就是修行後用「轉」的功夫，執著少了。要知道，世間煩惱痛苦都源自於一個「我執」。再者，以前可能非名牌不用，現在只要可以用就好了，因為你已懂得惜福知足。世間人，都以子孫滿堂，經濟富裕，來衡量一個人福報圓滿的標準；然而，世間福有漏有量，唯有出世間的福德性，才是究竟永恆。學佛後，觀「世間無常，國土為脆，四大苦空，五陰無我，生滅變異，虛偽無主，心是惡源，形為罪藪，如是觀察，漸離生死。」這就是覺悟的開始。

「人身難得今已得，佛法難聞今已聞；此身不向今生度，更向何生度此身。」要投胎人道，就如同《法華經》中譬喻「海龜」在大海中漂流，百年才浮出水面一次，恰能抓住浮木，又浮木中有個孔，能將頭伸出來，你說這種機率有多渺小？我們怎不好好珍惜人生做有意義的事呢？

「生死」才是人生最重要的一件大事，我們要清楚明白「生從何來？死往何去？」畢竟，世間上再多的財富，再恩愛的親人，再高居的名位，再珍饈的美食，再舒適的生活，在死亡到來時，都將一一離我們遠去，什麼也帶不走，唯有「業」跟隨著你的神識而往生，所以，這一世你的所做所為，將成為你投胎轉世的資糧，切記「知幻即離，離幻即覺」。「修行」對一個人的重要性，不言可喻。台灣早期佛教界頗受人敬重的大德李炳南老居士曾說：「人臨終時，各人神識不一，平日所為，此刻影子會一一現行，帶著本性往外走。此時完全是業力在作主，力量大者，在前頭。惡業多，則惡種子力量大，一衝出來就下三惡道，若善業多，善種子就領著上人、天二善道。平日有念佛功夫，就有佛種子，佛種子力量大，先出來，就蒙佛接引往生西方，若力量小出不來，別人在旁邊幫助念佛，就容易出來。所以平日有修持，臨終時佛種子先出，往生就有希望，助念正是幫助提起佛號。」

佛陀時代，王舍城中有一家四個兄弟，個個都已證得五神通，所以知道自己生命只剩下七天。但是他們都認為，憑他們的神，能飛天遁地，移山倒海，天底下沒有他們做不到的事，怎麼可能逃不過死亡這一關？於是第一個說：「我要潛入大海，無常鬼就找不到我了！」第二個說：「我要鑽入須彌山中，無常鬼一定找不到我的！」第三個說：「我要讓身體隱藏在虛空中，無常鬼絕對找不到我！」第四個說：「我要藏身在鬧市裡的人群中，無常鬼就容易抓到另一人！」但是七天一過，每一個都死了就像熟透的果子，時間到了就落地一般。

佛陀說：「人生有四件事情是逃避不了的。一、每個人死後都將去投胎。二、出生後會漸漸衰老。三、衰老後隨時得接受病痛的折磨。四、害病後必然難逃一死。」修行不是要求得長生不老，主要是要讓生命發揮它的光和熱，提升生命的價值；修行也不是要貪求現世的福報，而是要思惟，如何開啟內在的智慧，用清淨、平等、慈悲、解脫的心，面對每一天的人生，做利人利己的事業。

以前外國人稱台灣為「福爾摩沙」（美麗之島），現在卻變成了貪婪之島，何以故？因為人心所變，唯利是圖，「貪、瞋、癡」三毒是罪惡的根源。台灣近年來，長期的政治惡鬥，天災人禍不斷，從921大地震之後，每年颱風陸續造成的土石流災情、SARS、H1N1新流感疫情、二〇〇九年八八水災的小林村滅村慘案及二〇二〇年蔓延全球的新冠肺炎疫情（COVID-19），外加世界各地戰爭頻仍，衝突不斷，這些都是人類的共業所感，殺生、貪婪、瞋恨、愚癡等鬥爭日盛，為其主因。但人類還是永遠學不會，低估了因緣果報的可怕及大自然反撲的力量；土石流的治山防洪工作，森林保育，未見落實，所謂：「徒善不足以為法，徒法不足以自行」，如何止息天災人禍？我相信，只要社會人心善的增長一分，惡的相對就能減少一分，這也是許多宗教團體一直呼籲的「迴光返照，徹底內觀」。人心要集體向「善」向「上」提升，才能消彌共業招感，停止戰爭，邁向和平，因為這是一個因緣所生，相倚相存的世界，期望我們共同努力。

3 不忘初心

「不忘初心」意即發最初第一念利他或精進的心，能恆持不變。「不忘初心」一語出自《華嚴經》。《華嚴經》云：「初發心時便成正覺，了達諸法身真實之性，所有慧身不由他悟。」亦云：「初發心菩薩得如來一身，作無量身；初發心菩薩即是佛。」所以菩薩發心，「初心」最為珍貴，力量也最大，亦為諸佛所護念。然而初發心易，恆常心難；「初發心」如朝露，雖然晶瑩剔透，唯瞬間消逝。比喻做人做事不能虎頭蛇尾，一曝十寒。只要是做對的事，利益眾生的，一定要堅持下去，凡辛苦耕耘，終必歡慶收割。

佛門有一句話說：「學佛一年，佛在眼前，學佛兩年，佛在天邊，學佛三年，佛化雲煙。」暗諷一般人修學佛道，多半是三分鐘熱度；唯有持之以恆，勇猛精進，才能成就道業，否則，佛道長遠，絕非一生一世可以立竿見影的。一九九八年我自軍中退伍後就進入佛門，從義工開始學習，舉凡佛光會分會會議的參與及道場活動布置、園藝整理、淨房清掃、福報推廣、供僧道糧勸募，以至於後來承擔分會會長、督導長、協會副會長等等，這都屬於修福實踐的法門。而最讓我感到法喜及興趣的是閱讀佛教原始經典，那時候我每天都要閱讀經藏二至三個小時，有時候研讀經典直到半夜還手不釋卷，總令人法喜充滿，所謂：「深入經藏，智慧如海」，平時，參與佛學講座聽經聞法，道場法會共修，多聞熏習，這就是慧解的功夫；而且，現在網路也非常方便，YouTube網路用智慧篩選正法法師講經說法，在家也可以聽經聞法。二〇〇〇年我回佛光山乞受菩薩戒戒會，及兩次短期出家，皆用以體會菩薩道修學的歷程。心想「佛法」這麼好，一定要和好朋友分享，所以，我發願考檀講師，實現分享佛法的心願，更不忘我入佛門的初心，盡形壽不退轉。

*萬德莊嚴如佛陀者，也需經三大*阿僧祇劫的累修功德而成就自覺、覺他、覺行圓滿的大智者。切記，修行勿求速成，也沒有所謂的捷徑，一定要一步一腳印，如實用功，修正不好的習氣，如此日久

功深，才會有一點消息。既是菩薩發心，就要行菩薩道，六度萬行，廣度眾生，難行能行，難忍能忍，難修能修。《華嚴經・離世間品》有云：「菩薩發十種疲厭心：所謂供養一切諸佛無疲厭心，親近一切善知識無疲厭心，求一切法無疲厭心，聽聞正法無疲厭心，宣說正法無疲厭心，教化調伏一切眾生無疲厭心，置一切眾生於佛菩提無疲厭心，於一一世界經不可說劫行菩薩行無疲厭心，遊行一切世界無疲厭心，觀察思惟一切佛法無疲厭心。」由此可見，菩薩發心，福慧雙修，解行並重，不可偏廢。《華嚴經》是經中之王，有所謂「一花一世界，一葉一如來」於*一念三千，三千含攝於一微塵中，亦「一即一切，一切即一」的圓融無礙一真法界。

佛陀弟子舍利弗是智慧第一，他在因地修行菩薩道時，有一次，他路過一個村莊，看到一位年輕人在路邊哭泣，舍利弗就趨前問道：「這位年輕人為何哭泣？我在此修菩薩道，有什麼困難你儘管說，我都可以為你效勞！」年輕人啜泣地回答：「因我母親生重病，醫生說，這需用修行人的眼珠子煎藥一起服用，才能治好我母親的病。」舍利弗一聽，世間上還有這麼孝順的人，思惟此色身乃四大假合，既行菩薩道，二話不說，馬上用手把左眼珠子挖出來交給年輕人，要年輕人趕快拿回去治母親的病。但是年輕人說：「醫生說要用右眼才有效！」舍利弗：「你怎那麼糊塗？為什麼不早說！」說後立刻又將右眼珠子挖出來，但是年輕人不但沒有感恩，還將眼珠子丟到地上踩碎並嫌修行人的眼珠子怎那麼腥臭難聞，此時的舍利弗，灰心難過到了極點，感嘆人心難測，眾生難度，正想退轉道心的時候，天人示現面前，安撫說道：「此年輕人是天人所化，只想測度你菩薩發心的程度，你已通過菩薩道的考驗。」

無始劫以來，佛陀在因地修行菩薩道時，曾以肉餵鷹，捨身飼虎，只要是饒益眾生，使令解脫的善法，即便肝腦塗地，為法捐軀，也在所不惜。《華嚴經》云：「發心正，果必圓。」修行的目的無非是為了了生脫死，長智慧，斷煩惱；進而廣度眾生，達於「無緣大慈，同體大悲」的深廣切願於極致，因此，過去諸佛無不是以願力來莊嚴菩提的。學佛重在發心立願，只要有心就有願，有願就有力，有力必能實現。

＊　＊　＊　＊　＊

萬德莊嚴：意指修成功果圓滿，福慧具足。指佛的境界。

阿僧祇劫：為印度數目之一。意譯不可算計。如佛陀修成無上正等正覺圓滿莊嚴，須歷經三大阿僧祇劫。「一小劫」為人壽十歲起算，每過一百年增加一歲，直到八萬歲；再從八萬歲，每隔一百年減一歲，減到十歲，稱為一小劫。二十個小劫為一個中劫，四個中劫為一個大劫，歷經成、住、壞、空四個中劫相續循環一次為一大劫。

一念三千：「三千」表示世間與出世間一切善惡、性相等人、物差別之總和。意謂凡夫當下一念之中，具足三千世間之諸法性相。為天台宗之思想。

4 不念舊惡

「不念舊惡」出處《佛說八大人覺經》：「第六：覺知貧苦多怨，橫結惡緣，菩薩布施，等念怨親，不念舊惡，不憎惡人。」的其中一句。「不念舊惡」就是對曾經結怨的人，沒有絲毫的怨懟或報復之心。一般人是絕對做不到的，但學佛的人就要有寬恕的心，沒有隔宿之仇，能夠冰釋前嫌，怨親平等，忘掉放下的確不容易，但一定要解冤釋結，才能解決問題，否則，一再輪迴。《華嚴經》云：「一念瞋心起，百萬障門開。」「瞋」是三毒之一，學佛的人，不可不慎。其實，人與人相處，本來就是一大學問，凡事若能以慈悲心看待，具菩薩心腸，秉持「律己嚴，待人寬」的態度，即使面對別人的冷嘲熱諷，也能一笑置之，當作是一種修養，人生將更圓融無礙。我們細細思惟，只要是團體，有人的地方，就會有是非，都是正常的；即便唇齒相依，難免還會咬到，若凡事計較、鑽牛角尖，非要爭個你死我活，那真的沒完沒了，雙方怨恨將會越結越深；倘若其中有一方退讓，表面吃虧，不也是賺到平安？所謂：「冤家宜解不宜結。」學習把感恩刻在石頭裡，將仇恨寫在沙灘上。以台灣二二八歷史悲劇為例，至今已逾五十年，這是時代的悲哀，政府應拿出誠意給予受難者家屬致歉、平反，以撫平傷痛；受難者家屬則學習寬恕的心，不念舊惡，如此雙方才能轉怨恨為平和。

佛陀平日即苦口婆心的教示弟子，彼此應該互相尊重，互相包容，和合無諍的在道業上精進。不過僧團裡人多，難免還是會有意見相左的時候。有一天，兩個比丘因故發生爭執，繼而惡口相罵，經過眾人勸解無效，於是就向佛陀報告。佛陀看看面紅耳赤的兩人，再環顧弟子們，說了這樣一個故事：從前有一個夜叉鬼，長得既黑又小，非常醜陋。有一天，夜叉鬼來到忉利天，逕自坐上忉利天主釋提桓因的寶座。當時，忉利天的天人看見夜叉鬼如此大膽的行為，都非常的生氣，紛紛指著夜叉鬼怒罵不休。而受到訶責的夜叉鬼的相貌卻漸漸變得美好，身體也一寸一寸的增高。天人看到夜叉鬼如此的轉變，更加憤怒，然而夜叉鬼卻益加的相貌堂堂，魁梧高大。這時天人們都束手無策，於是釋提桓因來到夜叉鬼面前，恭敬合掌，三次自稱名字說：「仁者我是釋提桓因，是忉利天的天主。」由於釋提桓因的恭敬謙卑，使得夜叉鬼心生我慢，於是身體逐漸回復過去的矮小醜陋，最後終於消失不見了。釋提桓因遂告訴所有天人：「從今以後切莫心生瞋怒，如果有人惡意相向，更要忍辱慈心相待，切莫怒上加怒。如果有人侵犯你，不要以侵犯來報復。凡是憤怒的人，都是被瞋恚的高心所障蔽。當你生起瞋怒的時候，若能稍加控制情緒，就好像馬轡能控制惡馬，這就稱為善法。」佛陀說到這裡，看看比丘們語重心長的說：「釋提桓因居於天王的地位，享受超凡的欲樂，尚能夠控制瞋怒，又常讚歎不瞋怒，何況你們是學道的出家人，比丘們！你們應該如此學習呀！」

星雲大師說：「以瞋止瞋，如同揚湯止沸，火上加油，是無法止息的；唯有以慈悲的水，才能澆滅瞋恚的怒火。」

佛陀時代，提婆達多三番兩次向佛陀為難，派人行刺，散布謠言，中傷佛陀。佛陀非但不報復，還常說：「提婆達多是我的*逆增上緣，也是我的*善知識。」這是包容天地的慈悲，原諒惡人的心腸。多偉大的情操呀！

* * * *

逆增上緣：只惡師惡友等遮難、誘惑，以及毀謗正法等逆事，有時能成為進入佛道之因緣。亦可引申生活所遇困厄逆境，轉化成一種積極，奮發向上的心。

善知識：指正直而有德行，能教導正道的人。如《華嚴經・法界品》記述善財童子於求道過程中，共參訪五十三位善知識。

5 不請之友

「不請之友」係引用《維摩經．佛國品》裡的一句話：「眾人不請，友而安之」，意即告訴我們，無論是朋友、道場、同參道友有需要我們協助、出力的地方；抑或道場舉辦大型會議、法會、活動、義診、助念、關懷等需要義工，只要我們獲得訊息，在時間、體力允許下，第一時間就能主動前往、歡喜地與眾結緣，作個「不請之友」。這是菩薩大悲心故，不須眾生來請。如月亮照水一般，只要有水的地方，都可顯現光亮。當不請之友之菩薩，即可印證「*隨緣赴感靡不周」的普門悲心了。

以佛光會為例，道場中常見具有「不請之友」性格的菩薩，穿梭其間。只要每次常住舉辦任何活動、開會或需義工，不必勸請或開口，這些人就能直下承擔，莊嚴道場。由於他八識田中蘊含著慈悲、歡喜、結緣、供養及菩提心的種子，本性就顯露與人為善的性格；然最重要的還是要有「正知見」，若沒有「正知見」，即使你學佛再久，功德再大，也屬於有漏之有為法。誠如《金剛經》云：「一切*有為法，如夢幻泡影，如露又如電，應作如是觀。」在此引用星雲大師講過的兩則譬喻故事分享：

有甲乙兩個小鬼準備到陽間投胎。閻羅王對他們說：「你們到人間投胎做人，一個一生布施給別人，一個一生從別人那裡獲得東西，你們要選擇哪一種人？」甲小鬼聽後趕快跪下說：「閻王老爺！我要做那個一生從別人那裡獲得東西的人。」乙小鬼默默無言，聽候閻羅王的安排。閻羅王撫尺一拍，宣判道：「甲小鬼你到人間做乞丐，處處向人討東西；乙小鬼你到富裕人家，時常布施周濟別人。」兩小鬼愣了半天，無言以對。另有一則寓意深長的故事是這樣說的：有一天大磬向大佛提出抗議，「喂！大佛呀！你是銅鑄的，我也是銅鑄的，我們身價相等；為何信徒來寺參拜時，香花和水果總是供養你，而且向你虔誠頂禮禮拜？我都無人理睬！」大佛一聽，沉思了一下回答說：「大磬呀！當年我們從礦山中被開採出來時，都是同樣的一塊銅，可是當雕刻師開始雕刻我們時，我忍耐了很多的痛苦，歷經了很久的煎熬。在我臉上敲敲打打，我痛徹心肺，可是我毫無怨言，就這樣經過千錘百鍊，我終於雕塑成一尊佛像。而你呢？不加修飾就鑄成大磬，只要人們輕輕在你身上敲了一下，你就痛得嗡嗡大叫，當然沒有人會禮拜、供養你呀！」

星雲大師曾說：「信徒有三等：三等信徒是財布施，因為布施人人做得到；布施要能不著相、不驕慢；二等信徒是時間、體力的布施，你沒錢布施沒關係，但你歡喜奉獻自己的時間和勞力，成就大眾；第一等信徒是隨喜讚歎，馨香一瓣，人家成就一件好事，我們滿心歡喜，說好話，不嫉妒、不比較。」各位讀者，你屬於哪一種信徒呢？經云：「心、佛、眾生，三無差別。」因為佛性人人本具，在聖不增，在凡不減；惟佛已覺悟，降魔成就，而眾生仍浮沉於生死流之中，輪迴受報。因此，身體「能做」表示健康，「能給」尚有福報。

若能常作「不請之友」，即在行菩薩道，轉大法輪，因為心中，只有眾生，唯依佛事；行佛所行，作佛所作。能隨緣、隨分、隨力、隨心而作，不起煩惱。宋朝茶陵郁禪師：「自未得度，先度人者，菩薩發心；自覺已圓，能覺他者，如來應世。」

* * * * *

隨緣赴感：為諸法皆由因緣所生滅，遇緣起現行。

有為法：由因緣和合所造作之現象，每一剎那皆在轉變、遷移，亦特指人用意識心造作的行為，為有漏的。

6 不變隨緣

「不變隨緣」係依據《大乘起信論續疏》，明・通潤撰述疏自序裡：「法性者，為真如不變隨緣，而能成一切法，故無法法俱空之弊。由真如隨緣不變，而能泯一切法，故無事事俱有之偏。」「不變隨緣」亦即真如為一切諸法之實體，超越時空，為不生不滅、無為常住之存在，稱為「不變」。而「隨緣」是有增有減，是有變，是無明，若分開解釋，兩者是迥然不同的。若依「*世俗諦」來說：意即雖隨順眾生之所請，但仍堅持應有之原則，不隨波逐流。「不變隨緣」不是隨便或什麼都好，這樣容易流於世俗，雖有作為；有時候還得要把握原則，拿捏分寸。用「*勝義諦」解釋亦即：以真如實性起體相之妙用，於生滅門中能真如隨緣而不變的遊戲神通。佛法不離世間法，星雲大師說：「生活之外，沒有修行。」菩薩要在眾生中求。生活中什麼事要能「不變隨緣，隨緣不變」？在此列舉四項提供參考：

一、團體活動的參與要不變隨緣：每個人都有他上班或參與的公司行號，機關社團，一個團體講求的是集體行動，上下一心，要隨緣不變適時、適當的參與活動。上下、同事間，相處融洽，得具有圓融性格。如果你事事不合群，個性孤僻，我行我素，不融入團體，久而久之，就形單影隻，人際關係就滯礙不圓滿。

二、讚歎語言的適當要不變隨緣：星雲大師提倡「做好事，說好話，存好心」三好運動。現今社會就是少了奉行三好的人，所以亂象叢生。人與人互動，如果多一點「好事、好話、好心」，社會就富有人情味。讚美別人是一種藝術、學問，也是結緣，但不是無俚頭的讚歎，要不失中肯，恰到好處。這位小姐明明長相一般，你硬要讚歎她美如天仙，那就有點過分虛偽，給人不實際的感覺。你可以從她其它的優點去讚美，給人信心，也是一種布施。

三、人生處世的圓融要不變隨緣：人生要有理想、目標，才活得有意義。現代語詞「樂活」（LOHAS），就是要我們活出健康，活得快樂，生活環保。觀念必須正確、健康、陽光。所以觀念要隨時代轉變，不能固執八股。遇境要能隨心轉化，隨緣不變。但是台灣目前的大環境有逐漸劣質化的現象，以教育為例：大多數的家長都把希望寄託於下一代，但下一代的教育又令人憂心，從家庭、學校、社會、宗教教育及政府主管，可以說環環相扣，疏忽不得；政府政策當然責無旁貸，而我們家長也要配合教育，充實自我，才能活得自在、活出希望。

四、度化眾生的應機要不變隨緣：佛陀度眾善於觀機逗教，應病與藥。

所謂「先以欲鉤牽，後令入佛智。」現代人習氣剛強，難調難伏，沒有隨順眾生的心，是無法調御的。要善於分辨每個人的習氣、身分、喜好及生活背景，適切以同理心、大悲心，融入眾生，不變隨緣接引大眾學佛，才能化世益人。所以，世學與佛法要兼容並蓄。如同六祖惠能隱遁於獵人隊裡十五年，伺機而動，隨緣度生。各位讀者，凡事都能夠「不變隨緣，隨緣不變」，你就能夠左右逢源，樂活過日了。

＊　＊　＊　＊　＊

世俗諦：以世間常識所能理解之事物，或世間一般約定俗成之道理等稱之。

勝義諦：依無漏之聖智所澈見的真實之理稱之。

7 生活與《般若心經》

《心經》這部經，雖只有短短二百六十個字，幾乎人人都會背誦，亦是佛教徒受持最廣的一部大乘經典之一，但真正熟識它涵意的人並不多。佛光山開山星雲大師用深入淺出的方式，將個人修持經證的功夫，以淺顯易懂的文字，透過一個事理與故事來闡明般若要義，寫成了《般若心經的生活觀》一書，呈現出大師涵泳博深的慈悲與智慧。

《金剛經》告訴我們「凡所有相皆是虛妄」「一切有為法，如夢幻泡影；如露亦如電，應作如是觀」，對於世間好的壞的，善的惡的，順的逆的，只要放下執著，當下隨即清涼；即便遇到不好的因緣，也要往好處想，儘量去圓緣及轉境。進一步想，玄奘大師當時西行取經亦曾遭遇諸多險阻甚至生命的威脅，如果沒有大師勇往直前及堅定的信心，千里跋涉，攜回並翻譯經典，我們今天哪來因緣親炙這部經，所以，面對「經典」均要作難遭難遇想。其實，人生就像海水漲、退潮一樣，有起必有落，我個人也曾走過人生的低潮，其中未能妥善經濟，是我一生中面臨最大的考驗，面對負債壓力，有一陣子，我漫無目地的走在田間小路上，一圈又一圈的反覆思考，除了懺悔業障，慚愧福報不夠外，則運用四步驟觀照法，「面對它，接受它，處理它，放下它」。還好這些逆境是發生在我學佛之後，最後我就是依靠「逆增上緣」的力量，勇於面對現實，解決問題。相信再大的困難，只要有心，都將煙雲過眼，成為過去。另外，我覺得，因為個人對信仰有堅定的信念，在心理層面上，係仰仗著佛菩薩的威德力，才讓我走出人生的幽谷，跨越現實的重重難關。

以下就我個人對《心經》粗淺的見地，歸納幾點分享如後：

先深入三法印、四念處

首先這部經的經題叫《般若波羅蜜多心經》，是唐朝玄奘大師所翻譯。《心經》是六百卷《大般若經》的濃縮精髓，若想真正體悟《心經》的空無思想，我認為要先深入了解「三法印」與「四念處」的真正意涵。所謂：「三法印」，即「諸行無常，諸法無我，涅槃寂靜。」具備了無常、無我的觀念，就比較容易進入心經的奧義要旨；而「四念處」意指「觀身不淨、觀受是苦、觀心無常、觀法無我。」觀我們這個色身是四大五蘊假合，無論精神或物質體，「世俗諦」在在都脫離不了苦、空、無常、無我、不淨的現象，皆屬有漏，因為世間五欲，世間凡夫未能透視這些生滅假相，拚命追逐，有了「住著」，就產生煩惱痛苦，形成八苦中的覺受，所以《心經》告訴我們要有空義的思想，要離相轉念，更要具有般若的智慧，否則難以抵擋世間五欲的誘惑。達摩初祖從天竺來中國弘法時，梁武帝問達摩禪師說：「我廣建佛寺及佛像，鋪橋造路，福利百姓，有無功德？」禪師回答說：「了無功德。」其實，禪師已超越了一般事相「有無」的對立觀念，回歸到本來面目，他講的是心性上的無相功德，我們背覺合塵卻不自知。

善用心經空義　當下解脫自在

「般若」讓人認識了宇宙人生究竟真理，沒有「般若」，等於盲人摸象，容易落入意識我見，那麼「般若」是什麼？簡單地說就是智、仁、勇，也就是智慧、慈悲、菩提。以此基礎，再進一步破除「五蘊、十二因緣、十八界法」的凡夫我相，慢慢就能進入二乘的聖流境界，最終修菩薩五十二階位，證無餘涅槃。因此，在我們的生活中，多多少少總會遇到困厄逆境、也因為我們的貪、瞋、癡，才起無明煩惱，若能善用《心經》的般若空義去轉境、銷融，當下就能解脫自在，這是我研讀心經最大的受用與體悟。《中論》云：「因緣所生法，我說即是空，是名為假名，亦名中道義。」因此，三界之內還是倚仗著「因緣法」而立，不也顯示我們凡夫的心，常在生、住、異、滅之中不斷地輪迴？

有相皆虛妄　無我即如來

讀星雲大師所著《般若心經的生活觀》之後，真有「山重水複疑無路，柳暗花明又一村」的感覺，輔以公案、故事穿插其中，讓闇鈍的心隨即豁然開朗，心開意解。原來《心經》闡述的要義即不離我們的生活，在行、住、坐、臥之中。大師教我們如何善用六根（眼、耳、鼻、舌、身、意）？甚至可以六根互用，告訴我們如何運用文字般若？觀照般若？不外乎要我們認清世間的假相，藉假修真；大師說：「有相皆虛妄，無我即如來。」鏗鏘有力幾個字，即點破了《心經》的核心要旨。書中字字珠璣，全都是大師智慧的結晶。其實，在這一本書裡，大師告訴我們的法是入世、普遍、通俗的佛法。表示「生活之外，沒有修行；如果佛法中沒有智慧，都將成為世間法。」真是一語道破了「人間佛教」的大意。誠如六祖惠能大師所說：「佛法在世間，不離世間覺；離世求菩提，恰如覓兔角。」以人天乘的「五戒十善」為基礎，再從「無相，無得，無住，無我」的觀念，向上提升；說實話，面對順逆境界，如果能不取於相，如如不動，是何嘗的不容易啊？因為五欲六塵無時充斥在您我的生活中，末法時期尤甚。

如來藏心　才是我們真正的主人

大乘佛法是「論心不論相」，「依智不依識」，「智」是無漏的，而「識」是有分別的意識，另外佛法講的是「動機」，所謂：「三界唯心，萬法唯識。」強調一切業力的勾牽，都是身、口、意行為的造作，「佛說一切法，為治一切心；若無一切心，何用一切法？」「心」有肉團心，緣慮心，也可以是真如心，端看您用的是「真心」，還是「妄心」。所以唯識所謂的「心王」、「如來藏心」才是我們真正的主人；五祖弘忍大師說：「不識本心，學法無益。」而《心經》就是告訴我們觀「心」的下手處，教我們如何安頓這顆心？

善用般若 轉煩惱為菩提

釋迦牟尼佛住世說法四十九年，光「般若」就講了二十二年，可見「心」與「般若」的重要性了。「無明」與「菩提」其實是一念之間，我們常說的「轉煩惱為菩提」就是這個意思。這中間的差異在於如何善用般若智慧。「無明」是因「有」而起，「菩提」是因「無」而生，在這人際關係互動頻繁的世間，我們不必離群索居，尤其我們在家修行，如何觀心自在？觀境自在？觀人自在？觀事自在？我認為，在於要能深入法性，透視因緣，此須以「般若」作基礎，依體起用，「體」

才是究竟的佛法，我們的本來面目，是「不生不滅，不垢不淨，不增不減」的如來藏心。亦即所謂的「緣起性空」道理。所謂：「色不異空，空不異色；色即是空，空即是色。」「色」代表緣起的假象（世間一切幻化），而「空」即是緣生無性（萬法空無自性）之意。有情世間的一切物質體，其實都是因緣和合而成，凡構成因緣所生的條件就有生滅，有對待，有分別，有成、住、壞、空的現象，它不是永恆不變的，不是絕待的，也就是所謂的「有為法」。這與《金剛經》的四句偈：「一切有為法，如夢幻泡影；如露亦如電，應作如是觀」是相互印證的。所以《心經》與《金剛經》均是強調般若空性的究竟第一義諦。

這是一部修心寶典

另外，「波羅蜜多」之意，即是到彼岸。而如何才能達到究竟解脫？主在「行深般若波羅蜜多」，體悟甚深勝慧，才能從生死的此岸渡到涅槃的彼岸。這是一部修心的寶典，其實，「心」不用我們去修，佛性本自具足，人人皆有佛性，只因被貪、瞋、癡三毒障蔽罷了。六祖惠能大師說：「何其自性，本自清淨？何其自性，本不生滅？何其自性，本自具足？何其自性，本不動搖？何其自性，能生萬法！」又說：「菩提本無樹，明鏡亦非臺；本來無一物，何處惹塵埃？」誠如經典上所說的，「是諸法空相，不生不滅，不垢不淨，不增不減」之義，即便「漸修漸悟」，也得不斷地學習「放下」，「不計較，不比較」的智慧累積；從觀照自身的起心動念，時時持得正念不失，而證得「般若三昧」。日常中多聞熏習、對境鍊心，以聞、思、修入三摩地，破世間的有相，行六度萬行，自覺覺他，自利利人，相信日久功深，定能圓滿福慧資糧，趨向無上菩提，而成就佛道。

經文末了，「揭諦。揭諦。波羅揭諦。波羅僧揭諦。菩提薩婆訶。」懇切勸勉眾生，意指：去吧！去吧！依般若勝慧，速疾成就，快從生死的此岸度到涅槃的彼岸，究竟成佛！

8 《心經》初解

《心經》係六百卷《大般若經》之要義精華所在，主講般若空性思想，透過大智慧，觀照世間幻化無常，慕滅修道，以達究竟解脫之道；若常持誦，信受奉行，將感得無上利益，轉識成智，去迷開悟。唐，玄奘大師西行取經，經過八百里流沙，惟念《心經》，一路化險為夷，感得諸佛菩薩，龍天護念，不可思議。

經文大意摘要如下：

一、觀自在：觀世音菩薩修耳根圓通，尋聲救苦，隨緣赴感，得大自在。生活中我人若能依住佛法，對治境界煩惱，進而發菩提心，上求佛道，下化眾生，也能觀自在。

二、行深般若波羅蜜多時：當你行持證入中道實相第一義諦，斷無明煩惱時，就能觀察世間一切假相，如如不動，而到達般若解脫的彼岸（對佛說的真理，已通達了悟，具足慈悲與智慧）。波羅蜜多：到彼岸。

三、五蘊：色、受、想、行、識。色：表物質的總稱，其餘統稱精神體。人是物質及精神的四大五蘊，因緣假合而成。另身的感受、思想、行為造作及心意識等皆屬空性。

四、四大：指地、水、火、風。（地大）指骨骼，（水大）指唾尿液，（火大）指體溫，（風大）指的是呼吸。人若四大不調即生病，四大失散則面臨死亡。

五、六根：眼、耳、鼻、舌、身、意。人體構造感官的基本元素，若能轉識成智，善用它也是成佛之鑰。

六、六塵：色、聲、香、味、觸、法。人因執著及貪瞋癡三毒纏繞，六根追逐於六塵而造業。

七、六根、六塵、六識，合稱十八界，是凡夫起惑造業作意的根源。

八、諸法空相：諸行無常，諸法無我，印證法界一切現象，皆是緣起性空，遷流變化，緣起緣滅，如夢幻泡影，無一法可得，自性裡面，灼然明淨，本無生滅、增減，經云：「法尚應捨，何況非法」，故我們對於一切世出世間法，無須執著（若能修到我、法二執齊斷，一切空寂無為，三輪體空，為最究竟）。

九、色不異空，空不異色：山河大地，萬事萬物，色法無一樣可恆常不變，都屬於空性。色即是空，空即是色，亦即色空不二的道理；其他受、想、行、識也是如此。所以法爾如是，自性本無生滅，無所謂的增減，垢淨，無六根六塵的問題；主在告訴世人，修行首要斬斷我執及法執，放下世間五欲的執取，離相無住，呈現本來面目。

十、四聖諦：苦、集、滅、道，指人因業力的招感集聚，需藉修道而達解脫生死。世間五欲：指的是財、色、名、食、睡，皆為世人之所貪著，迷之反易墮地獄之因由。

十一、無苦、集、滅、道，無智亦無得：當我人了達一切法，當體即是實相，無苦可捨，無集可斷，無道可修，無滅可證；雖然如此，無智之智，即是真智，無得之得，即是真得。不住相。

十二、十二因緣：無明、行、識、名色、六入、觸、受、愛、取、有、生、老死。惑、業、苦，為人生命輪迴的循環因素。人若起執取貪欲而造業成流轉門（造現在因，成未來果），反之，若不起貪瞋癡三毒之心，即斷滅生死輪迴之因，超越三界，不來生死，稱為還滅門，為解脫法門。

十三、阿耨多羅三藐三菩提：三世（過去、現在、未來）諸佛，均依般若波羅蜜多，而證得了無上、正等、正覺之究竟涅槃境界；它可以遠離生死業因，斷惑滅苦，亦是無上真實咒語，能除一切苦厄、煩惱。

十四、揭諦揭諦，波羅揭諦，波羅僧揭諦，菩提薩婆訶：梵語稱「陀羅尼」，「總持」之意，佛的秘密咒語，因秘密不翻，具有不思議神妙之力，意即：去吧！去吧！趕緊從生死的此岸，渡到究竟涅槃的彼岸，速疾成就無上佛果。

十五、涅槃：不生不滅的實相。般若：梵文，中文勉強翻成「大智慧」之意。

9 自在人生

一個人要能自在生活，並不是件容易的事，因為世事無常，「自在」不是什麼都不在意，或無所謂，那只是消極的自在觀念。而是面對問題的時候，能夠勇於承擔，有禪定的功夫，正面思考對策，啟發智慧，予以解決。我們應如何過自在的生活呢？在此提供四點分享：

一、善觀因緣：佛陀在菩提樹下，夜睹明星，證悟成佛，就是冥觀發現宇宙之「緣起法」，世間萬事萬物都有它的因緣相依性。而人與人之間的交往及互動，產生熱絡或冷漠，也是前世結下的「因」，決不會無緣無故的現起，亦即佛法所說：「法不孤起，仗境方生」，蕅益大師：「境緣無好醜，好醜起於心」，經云：「諸法因緣生，諸法因緣滅」，就是這麼自然。所以說，當面對生活上的各種境界不如意時，你就要「善觀因緣」，不須怨天尤人。生命中任何「相」起現時，先用意念將它化為微塵，就能理解一切事相都是空無自性，若在事相前加了一個「無」字，譬如：你有我無，你大我小，你樂我苦，你富我貧，凡事少了「我、法」二執，人生就會自在快樂，因為「無」，才是理所當然。如此觀照，貪欲、比較、計較之心，自然不易生起；若盡了力又求不到，也是因緣。因為佛陀告訴我們，人生有八苦，其中就有一苦，「求不得苦」呀！

二、體悟無常：「無常」是佛教的基本教義之一，就是要讓學佛者認清實相，如果你能善觀無常的真理，體認「無常」就是「常」的道理，生活自然自在。春夏秋冬的遞嬗，生老病死的輪迴，生住異滅的變遷，全都展現「無常」遷流變化之實相，任誰都無法主宰，因為薄地凡夫的我們，仍要受業力的牽引。

三、深信因果：《觀無量壽經》云：「淨業三福：一、孝養父母，奉事師長，慈心不殺，修十善業。二、受持*三皈，具足眾戒，不犯威儀。三、發菩提心，深信因果，讀誦大乘，勸進行者。」你可以不信佛，但不能不信因果，以現代語詞，「因果」就是法律，等於是家規國法，你違犯它就要接受懲罰，所以，「因果報應」是絲毫不爽的，它絕對比現代的電腦還準，纖毫受之。簡言之，就是「種瓜得瓜，種豆得豆。」「善有善報，惡有惡報。」在八識田中，它能完全儲存所有身、口、意之善惡造作的記憶。因此，藉由以上觀念的熏習、思惟，生活周遭，什麼事該做？什麼事不該為？你心中就會清清楚楚，明明白白，就懂得拿捏分寸，生活自然自在豁達。

四、放下執著：「執著」是障道的根本惡法及習氣之一，星雲大師說：「人生就像一只皮箱，當需要的時候，就承擔提起；不用的時候，懂得完全放下，不要罣礙。就在一提一放之間而已。」過去有一位年輕人，登山時不小心失足跌落崖下，幸好在半空中雙手無意中抓到一根樹藤，這時他虔誠祈求菩薩能現身搭救，但當菩薩示現眼前，要他依祂的指示做時，這位年輕人回答說：「只要能保住小命，我什麼都答應」，結果菩薩要他放下雙手才能救他時，他卻說：「我好不容易抓到樹藤，要我放下雙手不就跌得粉身碎骨了」。人因為執著，所以即使菩薩想救你，貴人現前，也是莫可奈何？「放下」並不是什麼都不做，什麼都不在乎，而是要盡心盡力地把每一件事情做好，把它當作一回事，所謂：「盡人事，聽天命」之意。沒有盡力就別談「隨緣」，即使盡了力仍沒有成就，那就隨緣放曠，毋須罣礙了。也許你仍執著於錢財、美色、名位、口腹、耽逸等五欲六塵裡，其實這些不過是幻化、生滅的影像，哪一樣能恆久？如果你真能透視，放下執著，生活就能自在，自然不受命運束縛了。

現實生活中，人事紛紜，瑣碎纏縛，要你真正放下，跳脫現實，還真有點難，這需要宿世根機與善知識的不斷熏習，*通達義趣，在大眾中處眾無滯，所謂：「熱鬧場中作道場」，內心又能夠自在無礙，那才是真功夫。

＊　＊　＊　＊　＊

三皈：皈依一詞，含有救護、趣向之義；歸投、依靠三寶，即歸依佛、歸依法、歸依僧，以永解脫一切苦。一個正信的佛教徒必先受皈依儀式。

通達義趣：圓滿化他智慧，了達諸法真實之義。

10 生命教育

生命教育是指身、心、靈全人教育的自我成長，促使個人潛能發揮臻於至善至美的境界，也是對社會正義、人文的一種關懷與互動，是屬於倫理教育的一環。尤其今天社會價值觀扭曲及青少年自殘、暴力行為似有日益嚴重的趨勢，是目前我們全民亟待正視的重大課題；國際佛光會中華總會遵循教育部指導，長期推動「生命教育十堂課」的校園講座，深入各學校宣揚「三好四給」理念，倡導生命正確觀念，面對問題，提供解決方案，多年來頗見成效，深受好評。

依個人淺見，教育理應從家庭自我檢視開始，進而學校，社會大家共同努力，期能營造一個祥和淨化的群體生活。因此，優質的下一代，是德、智、體、群、美五育及三達德的均衡發展，了解生命的價值，提升生命的實質意義；進一步說，生命教育，就是愛惜自己，尊重他人，關懷地球，並且樂觀進取，回饋社會。誠如佛光山開山祖師星雲大師所說：「把人做好」最為重要。

在仙崖禪師住的禪院裡，有一位學僧經常利用晚上時間，偷偷地爬過院牆到外面去遊樂，仙崖禪師夜裡巡寮時，發現牆角有一張高腳的凳子，才知道有人溜到外面去，他不驚動別人，就順手把凳子移開，自己站在凳子的地方，等候學僧歸來。夜深的時候，遊罷歸來的學僧，不知凳子已經移走，一跨腳就踩在仙崖禪師的頭上，隨即跳下地來，才看清是禪師，慌得不知如何是好！但仙崖禪師毫不介意地安慰道：「夜深露重，小心身體，不要著涼，趕快回去多穿一件衣服。」全寺大眾，沒有人知道這一件事，仙崖禪師從來也沒有提起，但自此以後，全寺一百多位學僧，再也沒有人出去夜遊了。

最好的教育是愛的教育，以鼓勵代替責備，以關懷代替處罰，更容易收到教育的效果！如仙崖禪師者，把禪門的教育特色，發揚到了極點。禪門的教育，向以慈悲方便為則，就算*棒喝、磨練，也要先看被教育者的*根機，才以大慈悲大方便相待，天下的父母老師，應先看看兒女學生是什麼根器，施以什麼教育，感化、慈愛、身教，乃是最佳之禪的教育。

＊　＊　＊　＊　＊

棒喝：在禪家，師徒機鋒問答時，師父棒打弟子或參學者，稱之。

根機：以人之性譬諸木而謂根，根之發動處稱為機。修行之進止，教法之興廢，乃由此根機之如何而定。

11 佛在何處？

唐順宗有一次問佛光如滿禪師道：「佛從何方來？滅向何方去？既言常住世，佛今在何處？」

如滿禪師答道：「佛從無為來，滅向無為去，法身等虛空，常無心處；有念歸無念，有住歸無住，來為眾生來，去為眾生去；清淨真如海，湛然體常住，智者善思惟，更勿生疑慮！」順宗皇帝不以為然再問：「佛向王宮生，滅向雙林滅，住世四十九，又言無法說；山河與大海，天地及日月，時至皆歸盡，誰言不生滅？疑情猶若斯，智者善分別。」

如滿禪師進一步解釋道：「佛體本無為，迷情妄分別，法身等虛空，未曾有生滅；有緣佛出世，無緣佛入滅，處處化眾生，猶如水中月；非常亦非斷，非生亦非滅，生亦未曾生，滅亦未曾滅，了見無心處，自然無法說。」順宗皇帝聽後非常欣悅，對禪師益加尊重。

這段精彩對話裡，能夠將有為、無為法及性、相相對關係，詮釋得如此淋漓盡致，讓我們體悟佛法中「體、相、用」三者的妙用，也認識到無為空性的真諦；或許有人會問，佛到底在哪裡？其實，就在你我的方寸之間。只要至心誠意，就能感應道交，佛的法身是盡虛空，遍法界的無所不在。從另外一個角度而言，所謂「佛」，其實，自覺、覺他、覺行圓滿，具足三覺圓，「阿耨多羅三藐三菩提」，就是佛。以自性而言，每個人的佛性本自具足，即所謂的「未來佛」，只因無明煩惱障蔽了佛性，無法開顯。佛陀證悟後說：「奇哉！奇哉！大地眾生皆有如來智慧德相，只因妄想執著，不能證得。」「佛」通常有十種尊號謂：如來、應供、*正遍知、*明行足、善逝、世間解、*無上士、*調御丈夫、天人師、佛、世尊。二千五百年前的應化佛，雖已入滅，但是佛陀的法身常住，盡虛空，遍法界，可以說橫遍十方，豎窮三際；是無形無相，亦是凡夫肉眼所不能測度的。故佛陀能應化世間三千國土，即是法身的顯用。如觀世音菩薩，聞聲救苦，「應以何身得度者，即現何身而為說法」之示教利喜；因此，佛的功德智慧，*十力四智，妙用無窮。十法界裡，我們屬六道眾生的凡夫淺見，哪能窮究疑惑「佛」的存在？《法華經》云：「唯佛與佛，乃能究竟諸法實相」。所以，如果迷於世間幻化六根六塵假相，仍為「凡夫」，若能照見諸法實相，我、法俱泯，福慧具足，自覺覺他，你就是「佛」了！

＊　＊　＊　＊　＊

正遍知：佛能正遍了知一切法。
明行足：即天眼、宿命、漏盡三明及身口之行業，悉圓滿具足。
無上士：如諸法中，涅槃無上；在一切眾生中，佛亦無上。
調御丈夫：佛十號之一。佛大慈大智，時或柔軟語、悲切語，以種種方便調御修行者，使往涅槃。
十力四智：十力，即佛十八不共法中之十種智力，無能壞，無能勝，了達一切。處非處智力、業異熟智力、靜慮解脫等持等至智力、根上下智力、種種勝解智力、種種界智力、遍趣行智力、宿住隨念智力、死生智力、漏盡智力。四智，唯識宗將有漏之前五、六、七、八識轉變為成所作智、妙觀察智、平等性智、大圓鏡智。

12 找回自心

「心」是和我們身體關係最為密切，也是最為重要的器官之一；「心」可分為肉團心（心臟）、緣慮心（取對象加以思考之心）、集起心（阿賴耶識）及堅實心等四種，在大乘唯識宗裡，「心」係指第八阿賴耶識，含有積集之義。佛教對於心與物之存在，乃主張兩者是相輔相成之關係，不論任何一方皆不能單獨存在，故佛教非唯心論，亦非唯物論，而係一種空無自性論，稱為「色心不二」。人的感官眼、耳、鼻、舌、身、意為前六識，具有了別、認識之作用，第七末那識稱為「意」，具思惟作用；第八識為「心王」，為精神作用之主體，亦有含藏善惡種子之作用。在般若心經所說之心，即意謂般若空性之心髓精要。

其實，每個人都有一顆真如自性之心，謂「*如來藏性」，本自清淨，只因五欲塵勞、無明煩惱所矇蔽，致無法開顯。迷失已久的真如本性，就在我們的方寸之間，我們得把它找回來，大用一番。然一念之心性當下即具足*三千大千世界諸法性相，此為天台宗之基本教義。佛門有一偈語：「佛說一切法，為治一切心，若無一切心，何用一切法。」這就說明眾生的心性妄想紛亂，須藉由佛法予以對治。〈法達偈〉讚：「經誦三千部，曹溪一句亡；未明出世旨，寧歇累生狂；羊鹿牛權設，初中後善揚；誰知火宅內，元是法中王。」每個人都具足一顆真如佛性，三乘佛法只是權巧施設，要能開權顯實，會三歸一。但想想眾生妄動的心，難調難伏，不見本性。禪宗有名的「慧可安心」公案，二祖慧可要求達摩替他安的心，就是心生滅門之心，但就體、相、用而言，則別無二致，禪宗強調以心印心，教外別傳；通達了，生滅即真如，煩惱即菩提。

過去，有一位富翁年邁重病，將不久人間，他想，萬貫家財什麼也帶不走，想請四個老婆陪他走一趟黃泉路。第一個他找年輕貌美的四太太，四太太一聽，花容失色，回答他說：「你生前愛我，我很感謝，我年輕貌美，我可不想跟你走。」富翁同樣再問三太太，三太太回答：「你死了，我還可以改嫁，你找其他人吧！」富翁失望的離開。只好再找二太太，二太太回答說：「我沒有辦法陪你一起死，家裡大小事都是我在打點，你死後我要替你張羅喪葬事宜，念在夫妻情分上，我會親自送你到山頭。」最後不得已，只好找平常最不關心的大老婆，富翁說：「我將不久於人世，妳願意陪我一起走嗎？」大老婆回答說：「夫妻本是同林鳥，嫁雞隨雞，嫁狗隨狗，你死了，我當然跟你一起走！」這故事，比喻我們人一生，其中最鍾愛的四太太就是代表我們「身體」，我們每天將它打扮光鮮亮麗，但人死後只有神識還在，色身腐壞；三太太代表「錢財」，當我們面臨死亡時，再多的財寶，一毛也帶不走；二太太比喻我們的「親朋好友」，平常雖然偶有往來，但當我們往生，他們也只能來上個香，送我們最後一程；而大老婆是什麼？就是我們這顆「心」，平時最不關心它，任它起惑造業、瞋怒嫉妒，二六時中，戲碼每天上演，直到生命盡頭，這顆心（業）卻與我們生死相隨。

所謂：「萬般帶不去，唯有業隨身。」平常我們得要好好照護這顆心，長養善根，斷惡修善；如禪宗的「*十牛圖頌」，讓無時無刻牽引著我們心的貪、瞋、癡、慢、疑五使，不令縱逸，犯人苗稼，還是儘早找回沉淪於紅塵的自心本性吧！。

* * * *

如來藏性：一切眾生之煩惱身中，所隱藏之本來清淨的如來法身。《華嚴經》：「一切眾生皆有如來藏性，具諸功德。」

三千大千世界：係古代印度人之宇宙觀。謂以須彌山為中心，周圍環繞四大洲及九山八海，稱一小世界。此一小世界以一千為集，而形成一個小千世界，一千個小千世界集成中千世界，一千個中千世界，集成大千世界，此大千世界因由小、中、大三種千世界所集成，故稱三千大千世界。三千世界乃一佛所教化之領域，又稱一佛國。

十牛圖頌：此十圖以牧牛為主題，並各附自序及偈頌，以禪示修禪之方法與順序。所謂十牛即：尋牛、見跡、見牛、得牛、牧牛、騎牛歸家、忘牛存人、人牛俱忘、返本還源、入廛垂手。

13 看見改變的力量

一個人遭遇任何事情，無論善與不善？都跟「因緣」脫離不了關係，我很慶幸，感恩有此善因緣的牽引，讓我在初入佛門時，就接觸到正信的佛光山道場，而且堅持一師一道，一路走來，始終如一。記得在我退伍前一年，一九九七年九月二十八日，星雲大師法駕花蓮（花蓮女中）主持了一場皈依典禮，我經由同學的接引、介紹，我們全家四口都報名參加了那一次的皈依。雖然當時還不明白「皈依」的真實意義，但也為我未來種下了希望、光明、慈悲、智慧的菩提種子，直到十年後生根發芽。我要感恩牽引我踏入佛門的那一條線，大師常說：「滴水之恩，湧泉以報。」縱然這只是個人的因緣，但感恩的世界無非是最美的。十多年來，我在佛光會的大家庭裡，學習、成長，從道場的作務義工，佛光大學的興學勸募，《人間福報》創刊試閱與推廣，人間佛教讀書會的推動及後來肩負弘法布教重任等等因緣，慶幸我都能躬逢其盛，這些好像都與文化教育有關，也正與佛光山是從文化教育起家的精神相呼應。大師曾說：「佛光人還是應該先充實六度四攝的修養，佛光人要先入世後出世。」佛法大海，解行並重，我個人喜愛閱讀經典，因此，一開始我就從「深入經藏」入手，從研讀大師的著作，參加共修法會中體悟佛法，開啟智慧；從助念、關懷中，長養慈悲；就這樣，讓我悠遊於法海之中，親嘗法味，甘之如飴。雖然我不是出家人，但我感念大師為佛教興辦諸多利濟群生的事業，所謂：「弘法是家務，利生為事業」的使命感，所以我考檀講師，以追隨大師弘法的腳步，「佛光普照三千界，法水長流五大洲」的願心，可以說，大師是我法身慧命的貴人。

二〇〇三至二〇〇四年因緣際會，我被推選為吉安第一分會的會長，我心想，能夠擔任佛光會分會會長，是我至高的榮耀，我不但直下承擔，而且把握因緣；命裡有的，跑都跑不掉；不屬於你的，強求也無用。從擔任會長伊始，我就秉持竭盡所能去服務會員為信念，因此，「一頭栽下去，做了就是」，直到我兩年期滿卸任，所以我做得很歡喜。其實，退伍後我就有抱持「人生以服務為目的」的觀念，走出去服務人群。在擔任會長期間，布施、持戒、忍辱、精進、禪定、般若等菩薩六度，全讓我在團體人我間有機會學習體悟，所謂：「慈悲沒有敵人，智慧不起煩惱。」我個人較著重教育，所以分會的帶動，對於文化教育方面多所著墨，主要是讓幹部會員們能夠在佛法上有所受用，並能落實於日常生活，行、住、坐、臥中，這就是大師所推動的「人間佛教」真正目的。

再者，我深刻體悟，法樂重於世俗之樂的真諦。故從學佛開始，已經養成每日早、晚定課不斷的習慣，深入經藏，長養善根；佛弟子，本應從檢視自身做起；了悟佛道長遠，唯有「精進」不退。學佛後，讓我懂得眾生平等及慈悲的觀念而素食，了解因緣果報的可怕，因為「世間無常，國土危脆」，而更加珍惜現有的一切，廣結善緣，行一切善法。大師說，這世界是「一半一半」的世界，好人一半，壞人也一半；黑夜一半，白天也一半人；快樂一半，痛苦也一半，因為娑婆世界「苦樂參半」。

修學佛法後，讓我凡事往正面思惟。世間因為有「愛」，所以社會才呈現光明、溫馨、和諧的一面，每個人雖是小小的螺絲釘，但千萬別妄自菲薄，只要自己善盡一己社會責任，同樣可以惠澤他人，進而凸顯生命的價值與不凡。經云：「世間萬事萬物皆是眾緣和合而成，無一自主、恆長、獨存性，且無時無刻都在遷流變化之中。」所以，我們活在世間，一切日常生活所需，都是相互依存，眾緣和合成就的；故凡事要常存感恩之心，善盡本分，將個人生命，發光發熱，潤澤十方有情，才不虛此一生命真正之生存意義。天主教樞機主教單國璽的「剩餘價值」說，感動了多少國人。他拖著病體，六年中，演講了二百餘場，經驗傳承，利益眾生；用「病痛掏空自己，治療虛榮心」，改變自己，也感動他人，生命深處，更顯大愛。

《真原醫》一書的作者楊定一博士在書中提到，我們的「心」，每天都必須做的四個功課，就是「感恩」、「懺悔」、「希望」、「回饋」；要感恩一切所有，懺悔身、口、意的一切造作，對一切抱持樂觀積極的態度，更要懂得回饋社會、國家對我們的栽培。我個人覺得，學佛後我看見改變的力量，至少在脾氣上改變很多，對人變得柔軟、愛語、主動關心；學佛前，喜、怒、哀、樂總是形於色，動不動就發脾氣，還有那急躁的個性，也常常壞了正事；現在的我，脾氣慢半拍，也能觀因緣所生而一切隨順因緣。

經云：「覺知多欲為苦，生死疲勞，從貪欲起，少欲無為，身心自在。」究竟我們如何才能降伏貪欲心？首先，生活要降低物欲，簡單過生活。從檢驗自己的三毒毒害情況，就可以了解自己修行的境界；拿同一件事情，以今年和去年做比較，你貪、瞋、癡心減少了多少？譬如說，你平常最討厭的人，在學佛之前，你對這個人的瞋恨心很重，現在則能夠釋懷寬容，見面時還會點頭打招呼，釋出善意，這表示學佛後對自己心性有所改變，有提升，真正體悟萬事萬物都是成、住、壞、空，虛妄不實的。又如，學佛前，當你遇到失戀的情境，你可能會痛苦萬分，為情消瘦，學佛後，你懂得觀因緣，了解緣生緣滅的東西，不必強求，這就是學佛後用「轉」的功夫，我執少了。要知道，世間煩惱痛苦都源自於一個「我執」。再者，以前可能非名牌不用，現在有得用就好了，因為你已懂得惜福知足。「前世因，現世果；現世因，來世果」，這是佛教的三世因果理論；然而，世間福德畢竟有漏、有量、幻化的，唯有出世間的福德性，證到般若的空慧，那種心性才是究竟的永恆。

14 晨鐘暮鼓

「晨鐘暮鼓」意指於叢林寺院中清晨敲鐘，黃昏擊鼓的方式，提醒僧團大眾，報時集合之用；鼓、鐘、磬、木魚板聲為寺院常用之法器，代表作息報時的區別；若聽之於民間，則有警醒世人之意涵。一般寺院中鼓與梵鐘相對安置於大殿前之左右兩側，故自古有左鐘右鼓之稱。傳說忉利天善法堂之鼓，不打自鳴，聞其聲者即起懼惡生善之心，故稱為天鼓。唐代以後亦用於僧堂規律，行事報時，傳至日本後，亦多為誦經唱題之用。鐘有大鐘、小鐘之別，大鐘又分晨鐘、齋鐘、昏鐘等。晨鐘、昏鐘鳴一〇八響，齋鐘鳴十八響；小鐘則有佛殿鐘、法堂鐘、僧堂鐘等於上殿入堂時扣之。至晚堂前鳴鐘三下者，即*放晚參也。

二〇〇八年初，我回佛光山參加幹部講習會，清晨起床後，當暮色徐徐褪去時，耳際響起幾回清脆的鐘聲及打板聲，餘音裊繞，澈入心扉，有一種沁涼的感覺，同時也安頓了這顆長久飄蕩的心，我覺得，能親炙大師的道場，濡沐法要開示，是大福報，也是一種無言的幸福；從早覺、過堂、跑香、出坡、佛門行儀……見證了叢林的一日功課，四十八單職事，就此開始躍動起來，那就是「晨鐘暮鼓」的作用。此外，「晨鐘暮鼓」也表於*五濁惡世裡的獨然一種清明寂靜之初醒心境的感覺。有時候，當心情煩悶時，若能到寺院掛單，小住時日，沉澱心靈，不也有「晨鐘暮鼓」之效；另喻我們長年處於五欲六塵的世間，每個人或多或少，都曾被物欲所牽，迷失自己，若能跳脫現實，不隨波逐流，那也是一種「晨鐘暮鼓」之增上。世間五欲染著太深，本性失真，此時亟需善知識*點撥，必然會有「晨鐘暮鼓」般的醒悟作用。「晨鐘暮鼓」尚且需要善因緣的牽引，否則白浪滔滔，紅塵滾滾，遙望天際，何處是岸？那得要看自己宿世的福德因緣了。

良寬禪師畢生修行參禪，從未稍懈一天，當他老年的時候，從家鄉傳來一個消息，說他的外甥，不務正業，吃喝玩樂，快要傾家蕩產。

家鄉父老希望這位禪師舅舅能大發慈悲，救救外甥，勸他回頭是岸，從新做人。良寬禪師終於為鄉情所感，就不辭辛苦，走了三天的路程，回到童年的家鄉。良寬禪師終於和多年沒見過面的外甥見面了。這位外甥非常高興與他的和尚舅父相聚，並且特地留舅父過夜。良寬禪師在俗家床上坐禪坐了一夜，翌晨離去的時候，就對他的外甥說道：「我想我真的老了，兩手直是發抖，可否請你幫忙把我草鞋帶子繫上？」他的外甥非常高興地助他一臂之力。良寬禪師慈祥地說道：「謝謝你了，你看人老的時候，就一天天的衰老，不中用！你要好好保重自己，趁年輕的時候，要把人做好，要把事業基礎打好！」禪師說完話後，掉頭就走，對於外甥的任何不良行為，隻字未提，但就從那天以後，他的外甥再也不花天酒地去浪蕩了。

其實，禪是活潑的，生活的，慈悲的；禪的教育，不一定是棒喝，有時候，從旁導引，輕輕點化，也能奏效！「禪」就是這麼妙用，所謂：「平常一樣窗前月，才有梅花便不同。」生活中若有了禪機，沒有對待的心，人生樣貌自然多采多姿，這何嘗不是一種「晨鐘暮鼓」之悟？何謂「道」？「道」又在哪裡？告訴你，「道」就在你身邊！

＊　＊　＊　＊　＊

放晚參：禪院中，朝參、晚參等為日常行事，若臨時休止，即稱放參，後轉而特指休止晚參為放參。

五濁惡世：指減劫（人類壽命次第減短之時代）中所起之五種濁滓。五濁指劫濁、見濁、煩惱濁、眾生濁、命濁等。據《悲華經》之說，人壽自八萬歲漸次減至二萬歲後，為五濁生起之時，其時，現實世界充滿煩惱痛苦，稱為五濁惡世。

點撥：與點化義同。意即教化、教導、點醒。

15 淨土法門

淨土法門是淨土宗（又稱蓮宗）修持念佛法門之宗要，依據三經一論作為止觀課誦，三經指的是「阿彌陀經、無量壽經、觀無量壽經」，一論是指「往生論」。往生三資糧仍須具足：「信、願、行」，另《阿彌陀經》有云：「不可以少善根福德因緣，得生彼國。」在在告訴我們勤修勸善，包括修持*五根、*五力、*七菩提分、八聖道分等諸善法，積功累德，始能成就。而念佛又可分持名念佛、觀想念佛及實相念佛三種法門。在台灣修持淨土法門的信眾，據了解目前為他宗之冠，因為它是易行道，所謂：「三根普被，利鈍全收。」一句佛號，橫賅八教。近代印光大師曾大力提倡念佛法門，勸導行人，持名念佛，求生淨土。所謂：「千經萬論，導歸極樂。」其實，無論修持任何法門，都有它殊勝成就的地方，我們都讚歎，主要在於每個人的契機、根器、因緣不同，即使你接觸了密宗，在〈菩提道次第廣論〉

裡，闡述修習佛道之次第，乃依下士（人天）、中士（二乘）、上士（大乘），循序漸進，親近善知識，嚴持戒律，發菩提心，修習止觀，福慧雙修，而達即身成佛。其實，仍離不開顯教大、小乘思想理論基礎之範疇。下士道講的就是深信因果，五戒十善的觀念；中士道即是四聖諦、十二因緣、戒、定、慧等義理；上士道即指止觀、菩薩四攝六度、瑜伽師地論、中觀等思想，在此不多贅述。無論修持任何法門，人最終總得面對生死這一關，我們如何能自在，超越生死？這是大家所必須思考的重要課題。

〈大勢至菩薩念佛圓通章〉：「彼佛教我，念佛三昧。譬如有人，一專為憶，一人專忘。如是二人，若逢不逢，或見非見。二人相憶，二憶念深，如是乃至，從生至生，同於形影，不相乖異。十方如來，憐念眾生，如母憶子，若子逃逝，雖憶何為。子若憶母，如母憶時。母子歷生，不相違遠。若眾生心，憶佛念佛，現前當來，必定見佛。去佛不遠，不假方便，自得心開。」

《阿彌陀經》云：「善男子，善女人，聞說阿彌陀佛，執持名號，若一日，若二日，若三日，若四日，若五日，若六日，若七日，一心不亂，其人臨命終時，阿彌陀佛，與諸聖眾，現在其前。是人終時，心不顛倒，即得往生阿彌陀佛，極樂國土。」平常念佛首要攝心專注，一心不亂，誦經隨文入觀；自修方面，定課恆持，餘念佛共修法會亦不可偏廢，因為共修的力量，不可思議，以一抵百。大勢至菩薩：「都攝六根，淨念相繼。得三摩地，斯為第一。」由此可知，我佛是行大悲心，老婆心切，懇切勸勉末法中人，開此一方便法門，「念佛法門誠為銷罪之巨治，愈病之靈丹，修心之捷徑，求生之要術也。」

西方極樂世界是我佛慈悲，為方便接引末法眾生同登淨域而權機示現。其實，當下一念清淨不就是淨土？就在我們的方寸之間。《維摩詰經》：「若菩薩欲得淨土，當淨其心，隨其心淨，則佛土淨。」所謂：「*唯心淨土，*自性彌陀」。我們知道，西方淨土是阿彌陀佛於因地修菩薩道，世自在王佛為法藏比丘說二百一十億諸佛剎土時，發四十八大願所現之莊嚴淨土。其中第十八願：「只要一心專意，乃至十念，即得往生。」以大家熟悉的「三時繫念」佛事為例，就是要勸導亡者繫心專意，往生後七七四十九天內，是中陰身投胎轉世的業因依據，此時神識，須要仰仗佛菩薩的功德、威德力（他力）及眷屬的福力救拔，提起正念，繫住佛號（自力），念念相續，蒙佛接引。經云：「人人分上本有彌陀，個個心中總為淨土，了則頭頭見佛，悟來步步西方。」「是心是佛將心念，念到心空佛亦忘。」「悟則生滅皆無生，迷則無生皆生滅。」所謂：「清珠投於濁水，濁水不得不清；念佛投於亂心，亂心不得不佛。」由此可窺，淨土法門為何盛行於今日，即見一斑。各位讀者，對於淨土法門粗梗的介紹，你是否有初步的認識和體悟呢？

＊　＊　＊　＊

五根：指眼、耳等識所依之五種色根。即眼、耳、鼻、舌、身五根。能攝取外界之對象外，並能引起心內五識之認識作用。

實相念佛：為觀自身及一切法之真實相，乃無形無相，猶如虛空，而心及眾生本來平等。如是之念即是真念，念念相續，則三昧現前。

五力：三十七道品中之第五科。即由信等五根之增長所產生之五種維持修行，達到解脫之力量。即信、精進、念、定、慧等五力。

七菩提分：又稱七覺分、七覺支法；以七種法能助菩提智慧開展，故稱覺支。即念、擇法、精進、喜、輕、定、捨等七覺支。

唯心淨土：宇宙所有存在皆由心變現，心外無任何實法存在。所以淨土亦由自心所變現，意即隨其心淨，則佛土淨。

自性彌陀：萬法唯心。指阿彌陀佛與極樂淨土俱在自己心中，以觀我心而顯自性之彌陀。

16 《金剛經》的二十法要

星雲大師將《金剛經》五千多字的法要提綱挈領並濃縮成四句重點，即「無相布施，無我度生，無住生活，無得而修」十六字箴言，提供行者修行參究。所謂「金剛」，即是無堅不摧，能斷除一切煩惱。這也意指我們眾生的煩惱，如金剛堅固，執取不放。「般若」指的是大智慧（般若在「五不翻」裡的「尊重不翻」）。成就大智慧這個秘訣就是成就眾生能從生死的此岸，渡到涅槃的彼岸。依什麼修持？「般若波羅蜜」；六度波羅蜜中，也是以「般若」為導。有了「般若」，才能照見五蘊皆空，度一切苦厄。

《金剛經》譯者為東晉姚秦三藏法師鳩摩羅什（傳說為七佛，毗婆尸佛，尸棄佛，毗舍浮佛，拘留孫佛，拘那含牟尼佛，迦葉佛，釋迦牟尼佛之譯經師；如譯《法華經》、《阿彌陀經》、《中論》等），七歲隨母親一起出家，徒弟有道生、僧肇等。《金剛經》雖有六種譯本，但以鳩摩羅什譯本流傳最廣，其文字原意優美流暢（舊譯），玄奘大師（新譯），六十六歲在長安圓寂，我這一生翻譯的經典若是正確，荼毗後舌根不爛。般若有三：文字、觀照、實相般若。雖說文字不是實義，但沒有文字，就無法起觀照而證實相。

佛陀在靈山會上拈花示眾，唯獨迦葉破顏微笑，佛說：「我有正法眼藏，涅槃妙心，實相無相，微妙法門，不立文字，教外別傳，付囑摩訶迦葉」大乘佛教中像《心經》、《金剛經》、《六祖壇經》等經典，都在談空性般若，尤其《金剛經》是最上第一希有之法，受持、讀誦、書寫、開演，就能成就第一希有功德。所以《金剛經》在中國已成為流通最廣及最多人修持的經典。多年來，我以《金剛經》作為每日受持讀誦的定課，其實，誦經念佛不在數量上的多寡，而在於能否悟道；就像「教育」培養人才一樣，「啟發式」與「填鴨式」的造就，結果就會有所差異，禪宗亦復如是。

什麼是般若？六祖惠能大師：「一切即一，一即一切，去來自由，心體無滯，即是般若」般若也分層次：人天乘（正見），二乘聲聞緣覺（十二因緣），菩薩（空），佛（般若）。如何實踐般若在生活中行六度萬行，「理有頓悟，事須漸修」，修行是累積的功夫。般若就是我們內在的佛心自性，本自具足。只要你開採它就能顯發起作用，達到彼岸（波羅蜜）。

《金剛經》是一部安心的寶典，也取代了達摩東來以「楞伽四卷」印心傳法的傳統地位，所以五祖弘忍大師三更傳法就是以金剛法要及衣缽傳給了惠能大師（當聽到其中一句「應無所住而生其心」而頓悟）。所謂南頓北漸（惠能南頓，神秀北漸）迷即眾生，悟即是佛。

有源律師問大珠慧海禪師：「和尚修行如何用功？」和尚答曰：「饑時吃飯，睏時則眠」「這和一般人有何不同？」和尚回答：「一般人吃飯百般挑剔，挑肥揀瘦，睡覺時胡思亂想，千般計較。」禪是直指人心，重在開悟，所謂「明心見性，見性成佛」。

其實，大乘經典都離不開「心」，我們這顆心分「肉團心，緣慮心，真如心」，如何「明心見性」就看你用的是什麼心在修持觀照？二祖慧可大師在求見初祖達摩請求安心時，你把心拿出來？請問心拿得出來嗎？只有真心才能如如不動，所以「覓心了不可得！」《金剛經》經文都在講這顆心，起心動念，妄想心與真如心。經文裡面「云何應住，云何降伏其心？若卵生，若濕生，若化生，若胎生，若有色，若無色，若有想，若無想，若非有想，非無想，我皆令入無餘涅槃而滅度之。如是滅度無量無數無邊眾生，實無眾生得滅度者，何以故？」這就是要斷眾生的我執及法執。所以六祖惠能講「何期自性，本自清淨、生滅、具足、動搖、能生萬法」，如果我們本性已具足，就沒有所謂的「有生死可了？煩惱可斷？涅槃可證？菩提可修？眾生可度？」對吧？這就是在破我執、法執。經文裡面「知我說法如筏喻者，法尚應捨，何況非法？」世間的實相是空有不二，既即既離，《心經》裡面所講的「色不異空，空不異色；空即是色，色即是空」的道理。緣起不離真如，真如不礙緣起。六祖：「菩提自性，本來清淨；但用此心，直了成佛。」這個心指的是什麼心？不是妄心、意識心，而是真如本性「本來面目」，因為，自性裡它沒有增減、生滅、垢淨善惡之分，所以說：「象現非生，緣盡非滅；隨流不染，出障非淨；

德滿不增，惑斷不減。」這才符合《中論》八不中道實相的真理（不生不滅，不常不斷，不一不異，不來不去）。

《金剛經》經文裡面你若有注意到，就是*空、假、中三觀的輪番點撥，先立一切法，再遣一切法，不著一切法。當悟到究竟義時「一切萬法，畢竟空寂，當體即空，無有一法可得」。用空、假、中三觀來開解，破眾生的我、法二執及見、思、塵沙無明之惑（例：佛說般若波羅蜜，即非般若波羅蜜，是名般若波羅蜜）要如何與《金剛經》要義相應？太虛大師說：「仰止唯佛陀，完成在人格；人成即佛成，是名真現實。」佛法在人間，在行住坐臥之間，實踐慈悲喜捨，人成即佛成。星雲大師說：「我這一生拜佛學佛，但不希望成佛作祖；我布施行善，但不求上天堂；我念佛行持，但不求往生淨土，我志不在了生脫死，我願生生世世在人間做一個平凡的和尚。」又說：「人間佛教是大乘菩薩道的佛教，是要讓人幸福歡喜。成就的秘訣何在？在於般若的心，清淨無為，佛陀的聖言量，要能夠信受奉行，就能成就佛道。」

二十法要歸納如下：

一、忍辱波羅蜜為第一（生忍、法忍、無生法忍，能行忍者，乃可名為有力大人，行菩薩道亦復如是，難行能行，難忍能忍；如佛過去五百世作忍辱仙人被歌利王割截身體，不生瞋恨，以無相修忍辱波羅蜜）。

二、發阿耨多羅三藐三菩提心，云何應住，云何降伏其心？（上求佛道下化眾生，而不住四相）。

三、無相布施（無布施的我，所布施的物及受施的他，三輪體空）。

四、無我度生（無我所滅度的人，滅度一切眾生而無有一眾生得滅度者）。

五、無住生活（凡事不執著耽溺於世間的五欲六塵之中）。

六、無得而修（沒有所謂的菩提可證，時時觀照保任當下那一顆清淨之心）。

七、應無所住而生其心（但發菩提心，卻不執取於相，如如不動）。

八、受持讀誦此經功德，成就最上第一希有之法（若能受持、讀誦、解說、書寫此經，即為世上稀有並成就第一希有功德）。

九、凡所有相皆是虛妄，若見諸相非相，即見如來（器世間萬事萬物，皆幻化假相；若能見緣起即見法，見法即見佛）。

十、信心清淨，即生實相（不妄想不雜染不執著不分別，若能保任一顆清淨心修持，就能見性成佛）。

十一、天台空、假、中三觀，此乃天台宗所立，對於世間一切存在，作三種觀法。

十二、無為法，非由因緣所造而絕對常住之法，如真如、法性、實相等。「有」與「無」的功德差別（例：梁武帝與達摩祖師公案，說明「福德」與「福德性」的差別；有限有量與無限無量）。

十三、三心不可得（過去、現在、未來，因為分分秒秒都在剎那遷流變化之中）。

十四、離四相，絕百非（無我相、人相、眾生相、壽者相，亦不落入戲論；但有言說，都無實義）。

十五、是法平等，無有高下（法無定法，諸法平等，但以般若空慧為依歸）。

十六、若以色見我，以音聲求我；是人行邪道，不能見如來。（不從外相上追求，因為諸法因緣生滅；若著相修行，無法見性）。

十七、「福德」與「福德性」（福德與功德的差異性；即人天福報與究竟解脫）。

十八、「緣起性空」與「一合相」（三界之內均依托因緣而生滅，但無一自性；緣起不離性空，性空不礙緣起）。

十九、為人演說，不取於相，如如不動（度眾無相無住無我，如是滅度無量無邊眾生，實無眾生得滅度者）。

二十、一切有為法，如夢幻泡影；如露亦如電，應作如是觀。（世間萬事萬物，如六種自然現象，剎那生滅遷流變異，無法把捉；如空中樓閣，水中泡影般的無常，稍縱即逝，要有如是觀察的覺性）。

＊　＊　＊　＊　＊

空、假、中三觀：此乃天台宗所立，對於世間一切存在，作三種觀法。空觀：從假入空，離性離相之義，觀一念之心不在內不在外不在中間，稱之為空。蕩除見思塵沙無明之惑，趣向畢竟之空；假觀：從空入假，悟世間一切諸法皆為假相，以假觀立俗諦之法，雖為假，卻具足佛智遍一切世俗之法；中觀：泯絕空假二邊對待之義，進入中道第一義諦，行圓融之大悲菩薩行，為最高無上之觀法。

17 法華七喻

時至二十一世紀的今天，人類發展的文明，可以說，好壞參半，正負均有，但不可諱言的，文明所帶來的疾病及災難並沒有因此減少，這是值得我們深思的問題；而「心靈改革」正是人間菩薩行者所必須承擔及推動的使命。若能受持、讀誦、書寫、解說《法華經》而入佛知見，並依信、解、行、證次弟修行，其功德不可思量，亦不失為儲存成佛之道的般若資糧。《法華經》主要的思想可以用一個字來形容，就是「妙」，微妙的道理。天台智者大師「九旬談妙」的佳話，一直傳頌至今；而諸法實相的「絕待妙」，是一法不捨，不捨一人，它的圓融與究竟，著實容攝了佛陀無盡的慈悲與智慧。鄭石岩老師說，常持誦《法華經》可以啟發人生的智慧，實現生活的悅樂，更能證悟生命的意義。

《法華經》共二十八品，前十四品為迹門，後十四品為本門，其重要的思想精神是「開權顯實」「會三歸一」，是天台宗的根本經典，有所謂「楞嚴開慧，法華成佛，華嚴富貴」之說。《法華經．方便品》云：「若人散亂心，入於塔廟中，一聲南無佛，皆已成佛道。」是佛慈悲，只要發菩提心，行菩薩道者，當得作佛，就如常不輕菩薩一樣，「我不敢輕視汝等，汝等皆當作佛」的受人敬重。

「法華七喻」的妙理經義摘述如下：《法華經．譬喻品》云：「三界無安，猶如火宅，眾苦充滿，甚可怖畏，常有生老，病死憂患；為說三乘，令諸眾生，知三界苦，開示演說，出世間道，說一佛乘。」大長者但以殷勤方便，善言誘諭，勉濟諸子火宅之難，然後各與珍寶大車；如來亦復如是，但以智慧方便，拔濟眾生，出三界苦，得涅槃樂。《法華經．信解品》：窮子喻的故事，窮子指的是二乘人，沒有行六度萬行，回歸一佛乘，也是不究竟。《法華經．藥草品》：一雨普潤，等無差別，佛陀教法不分貴賤貧富，利鈍智愚，一視同仁施予教化。即所謂：「佛以一音演說法，眾生隨類各得解，皆謂世尊同其語，斯則神力不共法。」《法華經．化城品》：通往佛道之路途遙遠荊棘，為免眾生因而退失道心，喻示佛陀方便化城，讓眾生中途得以休息充電，繼續往佛道前進。《法華經‧五百弟子授記品》云：「譬如貧窮人，往至親友家，其家甚大富，具設諸肴膳。以無價寶珠，繫著內衣裡，默與而捨去，時臥不覺知。」其實，人人本自具足真如佛性的無價寶珠，只是被無明煩惱障蔽，而無法開顯。《法華經‧地湧出品》髻珠喻：如同轉輪聖王頭上髮髻中的明珠一樣，不輕易示人，不作獎賞，比喻稀有珍貴，就像《法華經》有經中之王的美譽，我們更應珍惜、受持。《法華經‧如來壽量品》：譬喻三乘信受權教，有如誤服毒藥，佛陀即施設各種方便，令服食*大乘法藥，可以解除煩惱，趣向佛道。

《佛遺教經》云：「我如良醫，知病說藥，服與不服，非醫咎也；又如善導，導人善道，聞之不行，非導過也。」法華經之要義，主在教示吾人學習菩薩行持*六度、方便*四攝，不捨任一眾生的悲智精神；在行度中，累積福慧資糧，一步步趣向成佛之道，所謂：「楞嚴開慧，法華成佛。」我們修學佛道，廣結善緣，從事相的淬鍊中，體悟世間虛幻無常，從理上，發菩提心，至心行道，普濟一切，透視世間萬物，虛無幻化，大眾應當精進勇猛，不忘初心；僧俗二眾，為正法久住世間，續佛慧命，倍勤努力。

＊　＊　＊　＊

大乘：指載具，發心度眾的心量廣大，譬如巴士一樣，可載運更多人，兼善天下（北傳佛教，中國等是）；小乘人，自修自利，卻只能獨善其身。

六度：菩薩行持能令眾生從生死此岸到涅槃彼岸，且自利利他的六種解脫、智慧法門，即布施、持戒、忍辱、精進、禪定、般若波羅蜜。

四攝：係指菩薩度化眾生施設的四種方便法門，即布施、愛語、利行、同事。

18 華嚴不思議

記得二〇〇三至二〇〇四年，我擔任國際佛光會吉安第一分會會長期間，由於個人經營素食麵店，每天早出晚歸，又要忙於佛光會的會務活動，像個超人似的，事業、道業兩頭燒，就這樣「色身」在不堪負荷下，體力透支的結果，我的背部「膏肓」處，不明究理地就出現了難忍的疼痛，前後持續了半年之久。所以在會長最後半年任期裡，我是勉強硬撐下去的，每次主持會議我就無法久坐，直痛得我坐也不是，站也不是，苦不堪言。幹部會員們不忍，好心介紹諸多民間偏方草藥，一下子又是哪一家的中醫診所針灸有效，哪一個醫生專門，我就這樣吃遍了所有藥方，也看過不少的醫生，但病情依舊如昔，沒有一點改善。

後來我發願持誦《華嚴經》，那一段日子，無論再忙再累，我每天早晚定課《華嚴經》一卷不斷，有時候店裡打烊回到家都已深夜十一點多了，長跪在佛前再持誦經典五十分鐘，就這樣持續了近三個月圓滿了一部八十《華嚴經》，就如經上所說的，除要誠心懺悔業障外，用真心觀想法界有情，但願眾生都能離苦得樂，病痛得以解緩舒暢，最後將誦經功德回向，「願一切眾生得不老不病，常住命根，勇猛精進，入佛智慧」。不可思議的，我的背部長期痠痛毛病，從此竟不藥而癒；對我而言，親身體驗的事，如實呈現，我不能講玄談怪論，我只相信，「人有誠心，佛有感應」，這必定是諸佛菩薩的加持力、威德力及無上的功德力。其實，佛的境界及不思議力，是我們凡夫無法言說、臆測及想像的，只有讚歎如來諸勝功德。我相信，生生世世，盡未來際，在八識田中的這一股無形的信力與善根，將不斷地增長、植被，終至圓滿菩提。

19 照顧腳下

有人問覺明禪師（南北朝）「什麼是祖師西來意？」禪師回答：「照顧腳下」。

西天二十八祖菩提達摩將佛教禪宗傳至中國，成為東土第一代祖師「一花開五葉，結果自然成」，從此開演中國禪宗的波瀾壯闊之局。

古時候，夜行無路燈，需手提煤油燈，若你手中油燈被風吹熄了，在漆黑的夜裡，你如何應對？「照顧腳下」是唯一的抉擇。只有點亮心燈，繼續前行，因為依靠外在的油燈，它有無常生滅的不定現象，亦靠不住，唯有依靠真如的心性，永恆不滅，才是究竟之道。所謂「千年闇室，一燈即明」，尤其在此紅塵滾滾的末法時期，魔法盛行，再者世間五欲六塵（財、色、名、食、睡；色、聲、香、味、觸、法）的誘惑，起心動念，稍有謬誤，恐將落入業力的漩渦裡，無法超脫，因此，每一個行為造作，每一個步履行走，都得小心謹慎，守護心中那一片青山淨土。

現今道德淪喪，心靈空虛，真假是非難辨，瀰漫這社會之中，要如何擺脫共業？不隨波逐流，唯有保持人心的「善」和「淨」，是改變向上的方法，也是每個人心的藥方；我們得重審生命的價值，開發內在的本地風光，推己及人，正念正行，讓正法久住，這是佛教徒的責任與使命，讓我們一起努力。

20 境隨心轉

一個人從小到大，遭逢的境界考驗，可以說不計其數，印證了佛說：「世間無常，國土危脆」的真理。二〇〇八年五月十二日發生在中國四川的大地震，一夕之間，整個災區，滿目瘡痍，形同人間煉獄，讓許多家庭頓失依靠，更陷入了愁雲慘霧之中；但「山河無情，人間有愛。」來自台灣及世界各地的宗教團體、救援物資及關懷愛心，絡繹於途，充分展現世人「人溺己溺，人饑己饑」的慈悲精神，適時撫慰了受難者創傷的心靈。日本夢窗疏石禪師：「青山幾度變黃山，事事紛飛總不干，眼內有塵三界窄，心頭無事一床寬。」世間有八種境界的風，隨時都在考驗著我們心境的對待。當順逆境界來的時候，我們要善用心念去轉化，凡事正面思考，此時，因緣就能隨心而轉，助緣增上，命運即掌握在自己手上。其實，三界之內，萬事萬物的變化演繹，仍離不開「因緣法則」，雖然「因緣」無法完全隨心所欲，是因為它含藏過去世的因，從無明、行支開始，無形的業力就牽引著我們今生的窮通禍福，這是*十二因緣的「流轉門」，所謂的「*定業」；反之，若能阻斷今生貪取的「因」，了斷生死，即為「還滅門」的觀修；藉由今生的身、口、意行為造作，又決定未來的「果報」，深信因果輾轉相依相生的道理，是如此的微妙，不可思議。所以，了解佛法的人，就可以善用今生身、口、意的行為造作，廣修善業，由心轉化，逐步暫伏惡緣，促使善緣日增。所謂：「命由業轉，業由心轉，心由念轉。」雖然經云：「定業不可轉」，但由此論述，「因緣」仍是可以培植的，善惡由自己決定。

六祖惠能：「心好命又好，富貴直到老。命好心不好，福變為禍兆。心好命不好，禍轉為福報。心命俱不好，遭殃且貧夭。心可挽乎命，最要存仁道。命實造於心，吉凶惟人召。信命不修心，陰陽恐虛矯。修心一聽命，天地自相保。」因此，我們這顆「心」，無論要上天堂或下地獄，當然可以由自己主宰。

傳說地獄與天堂之間，僅隔著一道牆，有一天牆被強風吹倒，為了不讓地獄的人跑到天堂去，閻羅王就邀請帝釋天王商量，提議各派三個代表來商討重建築牆事宜，分別是律師、工程師及銀行家，因為律師是要締訂雙方權利義務的法規問題，工程師是要規劃建築工程上的事宜，而銀行家則是要籌措經費的事；閻羅王早就派好人選等著帝釋天的消息，結果等了好久，帝釋天還是派不出這三種人，祂就跟閻羅王回覆說，天堂裡我們找不到這三種人。

這雖然只是一個譬喻故事，但卻具有很大的啟迪作用。當然，世間上此三種人不盡然都不好，仍不乏有許許多多身行慈善，心念慈悲之人。

有一個年輕人，因為失戀絕望，想要自殺，在搭公車時，無意間看到車上廣告紙上的一句話而改變了他的一生，這句話是這樣寫的：「不是路已到了盡頭，而是該轉彎的時候了」。俗話說：「山不轉路轉，路不轉人轉，人不轉心轉。」娑婆世界雖然苦樂參半，不時身心二苦繫縛，但仔細思量，若能運用佛法智慧，觀「緣起無自性，一切法無我。」了知眼前一切，都是幻化無常的真相，正所謂：「本來無一物，何處惹塵埃？」你又何必執著呢？星雲大師也說：「有佛法，就有辦法。」示現世間外相的苦與樂，淨與穢，完全是自己「心」意識的分別作用；誠如《維摩詰經‧佛國品》云：「若菩薩欲得淨土，當淨其心，隨其心淨，則佛土淨。」當你了悟時，你會照見，這世間不過是一座菩薩遊化的道場罷了！因為貪、瞋、癡、慢、疑；妄想、分別、執著，五欲六塵，大多猶原盤據在凡夫眾生的內心深處，久久不化……。

＊　＊　＊　＊

十二因緣：又作十二緣起。為根本佛教之基本教義。即無明、行、識、名色、六入、觸、受、愛、取、有、生、老死。若自有情生存之價值與意義觀察，則指人類生存之苦惱如何成立（流轉門），又如何滅除苦惱而至證悟（還滅門）。

定業：業為產生果報（異熟）之因，稱業因；由業所報之果，稱業報。順現、順生、順後三時業之受報有特定之時期，稱為定業。

21 隨流不染

多年以來，《金剛經》已成為我每日持誦的定課，而隨著年齡的增長，對於世間萬事萬物的無常及空性，相對也較能淡定與領悟，其中，「三昧」的功夫，何其重要。

德國前總理梅克爾雖然身居要職，權傾一時，在位時，仍然居住在市井的公寓裡，生活如此的簡樸，實非一般人所能做到。

《金剛經》有云：「凡所有相，皆是虛妄」當你了知，一切萬法空無自性，「執著」就會慢慢放下。尤其，滾滾紅塵，在此物欲橫流的世間，在家修行實屬不易，有時會被財、色、名、食、睡五欲六塵所染著。所以，「堅持」與「正念」是防止隨波逐流的重要信念。

但有時候，菩薩隨緣赴感，為了眾生，行一切方便，得須「留惑潤生」，對菩薩而言，是大悲心起，法性平等，它不增不減，染淨不二；對眾生而言，所求如願，感應道交，對三寶起更堅定的信心，前提在於你的善根福德因緣，是否深厚具足。

22 菩提心

所謂「菩提心」就是上求佛道，下化眾生的願心，亦即能展現為眾生拔苦與樂的慈悲心，以眾生之苦為己苦，以眾生之樂為己樂，泯除人我對待，眾生平等之心，臻於「情與無情，*同圓種智。」之菩薩悲願。如范仲淹：「先天下之憂而憂，後天下之樂而樂」之精神。《華嚴經・梵行品》：「初發心時，便成正覺；知一切法，真實之性，具足慧身，不由他悟。」發了菩提心的人等同「菩薩」，因為諸佛菩薩都是以願力來成就利生事業，圓滿道業的。如阿彌陀佛四十八願成就莊嚴的西方極樂世界，東方藥師如來的十二大願，觀世音菩薩的十二大願，地藏王菩薩「我不入地獄，誰入地獄？」的宏願，在在都顯示菩薩救度眾生，不忍眾生苦的慈悲。大乘佛教的經義，常強調發菩提心的重要性，其中又以「四弘誓願」：「眾生無邊誓願度，煩惱無盡誓願斷，法門無量誓願學，佛道無上誓願成」為總的基礎。行菩薩道是大乘佛教僧俗二眾共同的目標，在台灣有很多宣揚正法的大乘佛教道場，諸如八宗兼弘的佛光山、提倡心靈環保的法鼓山及以慈善等四大志業的慈濟功德會等等，因篇幅有限，在此不一一列舉。一般而言，受了菩薩戒的弟子，理應具備菩薩發心、利他覺他的性格與使命。《華嚴經》云：「妄失菩提心，修諸善法，是名魔業。」可見菩薩戒的總戒首重發菩提心。

所謂：「發心之初，成佛有餘。」學佛重在發心。省庵大師〈勸發菩提心文〉：「入道要門，發心為首，修行急務，立願居先；願立則眾生可度，心發則佛道堪成。苟不發廣大心，立堅固願，則縱經*塵劫，依然還在輪迴，雖有修行，總是徒勞辛苦。」「既不求利養名聞，又不貪欲樂果報，惟為生死，為菩提，如是發心名之為正。念念*上求佛道，下化眾生。聞佛道長遠，不生退怯；觀眾生難度，不生厭倦。」「眾生界盡，我願方盡；菩提道成，我願方成。以虛空之心，發虛空之願，行虛空之行，證虛空之果，亦無虛空之相可得，如是發心，名之為圓。」這就是無上菩提心的最高境界。

所謂：「虛空非大，心王為大；金剛非堅，願力最堅。」發心達到極至就是「慈悲與智慧」的流露顯見。唐・裴休宰相：「菩提者，即是菩薩所修集四無量藏，所謂無盡福德藏，無盡智藏，無盡慧藏，無盡佛法和合藏，是名菩提，如佛所說。」「欲發心時，請先隨力捨財物，或投一齋，供養三寶；或畫一像，精進道場，啟發之後，念念運心，便為成佛正因。」經云：「三界無別法，惟是一心作。」可見，心是萬法之根本也。《華嚴經》云：「願消三障諸煩惱，願得智慧真明了，普願罪障悉消除，世世常行菩薩道。」「佛法不異世間法，世間法不異佛法，了知法界*體性平等，普入三世，永不捨離大菩提心，恆不退轉化眾生心，轉更增長大慈悲心。」發心的真義就是悲憫眾生，不忍眾生苦，不忍聖教衰。我們當學習觀世音菩薩的悲心：「我若向刀山，刀山自摧折；我若向火湯，火湯自枯竭；我若向地獄，地獄自消滅；我若向餓鬼，餓鬼自飽滿；我若向修羅，惡性自調伏；我若向畜生，自得大智慧。」生活在世間，說小不小，說大不大，相識即是有緣，無論你是否學佛？認不認同宗教？讓我們一起用人性最基本的「愛」來長養善根，以感恩、尊重、包容、寬恕、回饋、慈悲之心，來淨化人心，廣積福德。

＊　＊　＊　＊　＊

同圓種智：以佛菩薩之悲心，化導情與無情，都能證得同佛之一切種種法之智慧。

塵劫：塵指微塵，劫為極大之時限。塵點劫譬喻時間甚長久遠。

上求佛道：大乘菩薩於初發心之時，立弘誓之願，自求菩提而淨佛土，亦以大悲赴諸難而化導一切眾生。上求佛道是自利，下化眾生是利他。

體性平等：體性指實體，即事物之實質為體，而體之不變易稱為性，故體即性。若就理之法門而言，佛與眾生，其體性同一而無差別。

23 佛光山月光寺

我在一九九八年自軍中退伍後開始學佛，接觸的第一個道場就是佛光山月光寺（前身為花蓮禪淨中心）。

佛光山在花蓮地區的弘法因緣，始於一九八九年葉文明、葉王雪卿夫婦遠赴美國西來寺參加水陸法會及皈依典禮，因深受星雲大師人間佛教理念的感召，回台後即邀請佛光山法師前來花蓮弘法並提供四百五十坪土地作為壽豐精舍之預定地。一九九二年花蓮佛光會杜美娥督導鑒於花蓮尚無一處共修之據點，遂免費提供一棟四層樓房供大眾共修之用，從此開啟了佛光山在花蓮弘法之濫觴。

由於信徒日增，求法日渴，法務擴展迅速，道場設施已不敷使用，乃於花蓮縣吉安鄉吉昌二街現址購得土地一甲，為日後興建月光寺之預定地。籌建工作，在月光寺監寺妙勳法師積極奔走，並獲大師慈示及長老慈容法師的指導之下，至此，因緣具足，終露曙光。二〇一八年十一月十一日月光寺在逾千人祈福見證下，舉行安基典禮，二〇二〇年六月六日舉行七寶奠基典禮，之後從設計，移樹，開挖，動工，逐一啟動建寺之程序，從此走入近三十年來，花蓮信眾引頸期盼之弘法新里程碑。

花蓮月光寺目前雖處於工程興建中，未來月光寺的構建藍圖，將秉持大師人間佛教「佛說的、人要的、淨化的、善美的」的理念與精神，以中西合璧方式，設有大殿、禪堂、齋堂、社教、美術館、圖書館、滴水坊及寮房等設施，朝向「皎潔如月，堅定如山，心隱於林」的意象與概念，讓這塊佛教聖地聳立於東海岸與中央山脈之間，為十方信眾提供更寬廣、更舒適之修持道場，相信將成為國內、外旅遊朝聖之首選，人間佛教之淨土，法身慧命之家。

月映千江聞聲救苦度有情眾生
光照五洲菩提本具證無餘涅槃

為落實佛光山開山祖師星雲大師所提「寺院學校化」的理念，佛光山月光寺坐落在花蓮縣吉安鄉吉昌二街二十八號，預定於二〇二六年春落成啟用，它不只是一座藝術的殿堂，亦是善友往來的聚會所，更是眾生去除煩惱的清涼地，未來將成為社會大眾人生心靈的加油站。

月光寺監寺妙勳法師表示，月光寺將秉持大師慈示，未來五十年朝以音聲、藝術、文教為主要弘法方針，寺院設有佛殿、禪堂、抄經堂、美術館、滴水坊等社教、文教及修持多功能場域，是一座中西合璧，承載著大眾慧命，莊嚴清淨之道場。

「滴水坊」設立之用意，係大師受其師志開上人「半碗鹹菜」之恩，取其「滴水之恩，湧泉以報」之意，提供信徒有一個談心論道，心靈沉澱，休憩品茗之處所。這讓我想起原鐵皮屋文化走廊前，那長長一排的桂花樹，散發著清香，至今猶令人回味無窮。

目前花蓮區佛光會共成立十五個分會，常住除了弘法之外，每月更定期至鳳林、光復、瑞穗、玉里等地領眾共修及家庭普照，佛學講座，各種社教班次，並積極推動佛光會之會務發展，希望接引更多有緣，普濟眾生。

名聞遐邇且享譽海內外的佛光山月光寺「佛手」（金剛拳印），每年供應佛光山寺水陸法會及全世界佛光山各道場燄口法會所需（每年約二至三萬隻）。法會中經過加持後有消災免難之象徵意義，故頗受海內外信徒們的喜愛。

「佛手」的背後，卻有一群默默付出發心的老菩薩，這些平均年齡已超過七、八十歲的義工，為了月光寺的建寺及供養心，固定每個禮拜兩天，按時歡喜來寺當佛手班義工。

佛手材料主為麵粉，製作過程中，經過揉麵、發酵、炊蒸、剪裁、蓋印、日曬等，工序繁瑣費時，但均注入了專注與用心，所以，每個「佛手」好像都富有生命力一樣，顯得特別莊嚴，且維妙維肖。

由於適值月光寺新建工程，法務會務更臻繁忙，人間佛教度眾工作，亦不曾稍歇，監寺妙勳法師有感而說：「每次看到老菩薩們拖著年邁身軀，辛苦作務，為道場無私奉獻，內心尤為不捨，但更是滿滿的讚歎與感謝！」無形中也成為月光寺之光。

「十方來十方去共成十方事，萬人施萬人捨同結萬人緣」，誠摯歡迎十方大德，隨緣、隨分、隨力、隨喜護持，共同成就千年一寺之殊勝法緣，讓佛光普照三千界，法水長流五大洲。

24 緬懷星雲大師應有的作為

我與佛光山的因緣，可追溯到一九九〇年。有一天，無意中走到位於台北市民權東路上的佛光山普門寺，直接搭電梯上樓到文物流通處，看到《佛光大辭典》這一套四大本的黑色套書，深深吸引著我的目光。我翻了幾頁後，當場決定請購回家。但一套是一萬元台幣，我身上僅有幾百塊錢，法師竟然說：「沒關係！書你先請回去，有錢再拿過來。」也沒要我留下任何資料，沒隔多久，我就奉調到花蓮履新了。當時對佛光山法師「給人方便」的宗風行事，留下深刻的印象。

一九九七年，大師法駕花蓮舉辦皈依典禮，我們一家四口都報名，皈依在大師的座下；翌年我從軍中退伍，旋即進入佛光山花蓮禪淨中心擔任道場義工，主要負責推廣《人間福報》。

二〇〇六年，我考上檀講師，並在國際佛光會世界會員代表大會上，接受大師親自授證。感謝大師在佛光會設立檀講師制度，讓在家信眾也可以上台分享佛法，感佩大師的睿智及創新，我也非常感謝佛光會秘書長覺培法師的提攜，給我機會學習與承擔。

堅持一師一道 感恩大師諄諄教悔

學佛過程中，我堅持一師一道，一路走來，始終如一。入佛門二十多年來，難免會遭遇一些所謂的「逆境考驗」，但我都用大師的一句話「有佛法就有辦法」，來克服艱難險阻並激勵自己。因為，人不可能一生都平步青雲，凡事順遂，重點是要把逆境當作逆增上緣的資糧，這才符合佛教「無常」的定義。

所謂「修行人要帶三分病」，我個人雖然經歷了家庭的經濟危機，及身體病痛等問題，但最後都能圓滿解決；也曾因投資不當，造成家庭經濟陷入困頓，經過這幾年的工作努力，現已走出人生的低谷與陰霾。二〇一九年，因顏面神經失調，歷經一個多月的治療而痊癒，期間我秉持大師「與病為友」的觀念，及「有佛法就有辦法」的信心，才能曲直向前、否極泰來。大師的身教與言教，著實影響我的人生，感謝大師的諄諄教誨。

我被大師悲願宏深、菩薩行者的性格深深感動，大師一生行誼風範，以平實、平凡、平淡、平等、平常的心待人接物，為佛教、為眾生，興學育才，化導有情，度眾無量無邊。

一生闡揚妙諦　慈悲喜捨人間菩薩

大師說法善於觀機逗教、應病與藥。他用通俗化的佛法，又不失蘊含佛法的奧義，他具有中國四大菩薩的精神：大師有「觀音菩薩」的慈悲，千處祈求千處應，苦海常作渡人舟。大師曾說：「世間上任何東西都可以失去，但不可以沒有慈悲。」他凡事總是先替人著想，給人方便；又具「文殊菩薩」的智慧，應世無礙，闡揚妙諦，時時以佛法滋潤眾生乾涸的心，讓聞法者心開意解，如獲至寶。

他如「普賢菩薩」的大行，帶動佛教走入國際，是人間佛教理念的推手與實踐者；他有「地藏菩薩」的大願——「我不入地獄，誰入地獄」，甚至發願生生世世都要來人間當和尚，效法地藏菩薩「眾生度盡，方證菩提」的大願。

我們都是凡夫，難免會有無明煩惱、五蘊不調的時候，大師告訴我們，有委屈時，就以「心甘情願」來調伏內心；在懈怠時，以「有永遠休息的時候」作為警惕；在人事上，以「結緣總比結怨好」作為依歸；在理財上，以「錢用了才是自己的」作為方向；在工作上，以「不比較、不計較」作為指引。

貫徹非佛不作　示教利喜宣揚正法

大師肩負弘傳佛法的使命，為了讓正法久住，發願「佛光普照三千界，法水長流五大洲」，以直探佛陀本懷「示教利喜」、「眾生平等」、「八宗兼弘」宣揚佛法。

他承襲禪宗臨濟法脈，兼容六祖惠能大師及太虛大師的人間性思想，一生極力倡導「人間佛教、生活佛教」的人間淨土理念，落實並建設於人間。他力排眾議，勇於革新，思想觀念又能與時俱進，作獅子吼，權巧方便地接引社會各界人士，同霑法益，將當代佛教的層次，帶到最高境界。現今人間佛教，蔚然成為當代佛教普世價值的思想主流，大師厥功至偉。

大師進一步告訴我們，佛光人要先度生後度死，並充實六度四攝的修養。除此之外，他認為發展讀書會，是未來弘法的方向，唯有發展讀書會，信徒才能年輕化、知識化，這也是解門修持的入道要門之一。大師悲憫眾生、普門大開，無非是要提升信眾的心靈層次，豐富生活的內涵，進而解決生活、生命、生死的問題。

倡導日行三好 四給五和人間淨土

大師一生的事業，都是因願力而成就。大師提倡「人生三百歲」，他善於創造因緣、隨順因緣，懂得順勢而為，卻也很有耐心等待因緣成熟。設大學、辦報紙、成立電視台等理想，都是年輕時定下的目標，直到三十多年後才成就，但是他一以貫之，不曾改變。他以出世的精神，做入世的事業；大師曾說：「要用智慧莊嚴，不要用金錢堆砌。」他認為人不一定要擁有金錢、感情，擁有信心、悲心、大眾、人緣，才是最寶貴的財富。

大師說：「學佛的人要發菩提心，有菩提心的人，道業上才能圓滿究竟。」大師心心念念弘揚佛法，分分秒秒只為眾生，一生從來不為自己的利害得失而爭，不為個人的榮辱毀譽而辯。他告訴我們：「只要有信心，就有未來；只要有佛法，自然有辦法。」大師也曾經處於一無所有，萬分苦難的窘境，卻從不悲觀、不失望，他認為這一切都是一時的，只要目標確立，現實總有改變的一天。

我們要學習大師不怕苦，不怕難，不向逆境低頭的堅毅性格。大師個人的生活，則崇尚簡樸，多年前在接受《中央日報》訪問時，曾說：「生活中，只要有一張桌子、一杯茶水、一份報紙，人生就滿足了。」誠如中國佛教協會會長趙樸初形容大師一生德行，題寫「富有三千界，貴為人天師」對聯一副送給大師，可以說是實至名歸、不假修飾的讚歎。

實現佛光普照　法水長流的人間佛教

二千五百多年前，佛教教主釋迦牟尼佛在菩提樹下、金剛座上，夜睹明星悟道成佛，從此圓滿了自己累劫的修行，也為熱惱的娑婆世界灑下清涼的甘露法水。大師一生經過嚴密而恢弘的人生歷練與宗教體驗，個人持戒嚴謹，所以成就他智慧圓滿，德相莊嚴，悲心無量、氣度恢弘。

由於大師深切體認佛教重視現實生活的人間性，因此提倡人間佛教，主張將佛法落實在現實生活中，並注重現世淨土的實現，而不是寄望於將來的回報。大師認為，解脫生死的根本煩惱，本來是佛教最終的目標，但是了生脫死，並不是逃避現實生活、遁隱山林，而是要走入社會家庭，從日常的身心淨化中去下工夫，淑世濟人。

大師的性格樂於「成人之美」，且不念舊惡。他常鼓勵佛光人，外在的一切「享有就好，不一定要擁有」，甚至要善用佛法「轉煩惱為菩提」，用心經營真、善、淨、美，內在的人生。

大師開演佛法，總是能夠契理契機，應化群疑；處眾理事圓融，賓主盡歡；心性隨緣放曠，任運無礙，舉重若輕，所以他自許「星雲」。如果沒有悟道證量的人，是無法通達義趣，智慧大用現前，但我在大師的身上卻能找到菩薩應化的痕跡。

不可思議的是，大師又能將佛法的精髓「慈悲與智慧」，化之於無形無相，以不可得，行一切方便；面對分別相，不作分別想。大師所推動的人間佛教，平實易懂，且能契入每個人的生活中。一言以蔽之，無非勗勉我們要在生活中實踐「三好、四給、五和」，將善的力量，擴散到社會每個角落。

星雲大師雖於二〇二三年二月五日圓寂，但留下了《星雲大師全集》三九五冊的無上智慧寶典，為晦暗的世間，帶來了心靈的一盞明燈。大師一生所推動的「三好四給」善的理念，在淺移默化中卻深深影響了世人；相信現今的社會，正需要這股正能量，我們務必積極推廣《星雲大師全集》，將「人間佛教」佛說的、人要的、淨化的、善美的，凡是有助於幸福人生增進的教法，弘傳於世界五大洲，達到「自心和悅、家庭和順、人我和敬、社會和諧、世界和平」的五和人間淨土。

25 請轉法輪

法輪（梵語 dharmacakra）為對於佛法之喻稱。以輪比喻佛法，其義有三：

一、摧破之義，因佛法能摧破眾生之惡。

二、輾轉之義，因佛之說法不停滯一人一處，猶如車輪輾轉不停。

三、滿之義，因佛所說教法圓滿無缺，以輪之圓滿喻之。「請轉法輪」為普賢十大願王之一，意即慈示末法眾生，障深福薄，有請佛住世，大轉法輪之義。

所謂：「人身難得今已得，佛法難聞今已聞，此身不向今生度，更待何生度此身。」「佛在世時我沉淪，佛滅度後我出生，懺悔此身多業障，不見如來金色身。」末法時期，「佛法」屬稀有之物，眾生更是難信難解，因此，我們更應珍惜，更要精進學佛。在《阿彌陀經》末段敘述：「釋迦牟尼佛能為甚難稀有之事，能於娑婆國土，五濁惡世，*劫濁*見濁煩惱濁眾生濁命濁中得阿耨多羅三藐三菩提，為諸眾生說是一切難信之法，舍利弗，當知我於五濁惡世行此難事，得阿耨多羅三藐三菩提，為一切眾生說此難信之法，是為甚難。」由此可知，世尊預知，末法眾生，其性剛強，難調難伏，能夠信受奉行，可謂甚難之事。所以一再宣說，淨土之莊嚴殊勝，使人起信。

「平常一樣窗前月，才有梅花便不同。」星雲大師說：「有佛法，就有辦法。」自然界的世間實相：時序有春夏秋冬的遞嬗運轉；人有生老病死的生命輪迴；心有生住異滅的遷流變化；山河大地有成住壞空的循環，這也是「轉」的現象，看清了世間事實現象，沒有一樣是真正屬於自己的，世間為我所用，非我所有。佛說：「一切萬物悉無常，一切諸有為苦毒，一切諸法無有我，一切有形悉於空。」這就說明人生苦、空、無常、無我、不淨的真理，終究人生是一場空花水月。「生死事大，無常迅速」，若能轉境，形同如來。末法時期，佛法住世一萬年，現已進入第二個五百年了，人身難得，佛法難聞，我們得懂得珍惜這千載一時的因緣，勇猛精進，及時起修，始不辜負佛陀一再勸請、悲憫眾生之用心。讓法輪再轉，常轉，滋潤眾生乾涸的心，離苦得樂，同證菩提。

＊　＊　＊　＊

劫濁：減劫中，人壽減至三十歲時饑饉災起，減至二十歲時疾疫災起，減至十歲時刀兵災起，世界眾生無不被害。

見濁：正法已滅，像法漸起，邪法轉生，邪見增盛，使人不修善道。

一煩惱濁：五濁之一。眾生多諸愛欲，慳貪鬥諍，諂曲虛誑，攝受邪法而惱亂心神。

26 隨喜功德

「普賢菩薩十大願」裡，其中有一願是「隨喜功德」。中國人比較沒有隨喜的性格，大多見不得人家好的酸葡萄心理，亦即「不耐他榮」之嫉妒心。佛門有一句話：「若要佛法興，除非僧讚僧」，「僧讚僧，出高僧；人讚人，出偉人。」我們人與人相處也是一樣，要互相讚歎，互相成就，成就別人就是成就自己。《佛說四十二章經》云：「睹人施道，助人歡喜，得福甚大。」星雲大師也常勉勵我們：「您的心量有多大，事業就有多大。」別人成就一件好事、美事、善事，我們要隨口讚歎、助成；人家布施、救濟、供養，我們要隨心歡喜；別人升官發財、娶媳嫁女、發心服務、多才多藝，我們要隨喜祝福，您只要有此隨喜心，無瞋而無分別心，即使您沒能力做到，那一念的善法，也都「等同功德」，最為權巧方便；且在您的八識田中卻已種下了菩提善因，未來將招感善緣果報。

禪宗初祖達摩東來中土時，梁武帝問達摩祖師：「我一生建寺度僧，布施設齋，有沒有功德？」達摩回答：「了無功德」。為什麼？因為它著相，有相是屬於「福德」，還是落入有限、有量、有漏、有為法的人天福報中；而「無相」「三輪體空」的布施是屬於「福德性」，本在法身寂滅的無為法裡，是無限、無量、無漏之究竟慧命，這個才是真正的功德。六祖惠能大師說：「見性是功，平等是德，念念無滯，常見本性，真實妙用，名為功德。」因此，我們學佛的人，日常生活所作所為，身、口、意三業善惡造作，到底是屬於前者還是後者？我們可以拿來與佛法相互印證。

我們究應如何能做到「隨喜功德」？只要日常修持不忘慈、悲、喜、捨四無量心的確切實踐，布施、愛語、*利行、*同事等四種菩薩攝眾的方便法門的施設，及時時刻刻「存好心、說好話、做好事」的奉行三好運動，上述作持如果能夠常行饒益，既不起煩惱、執著、分別，相信已經離佛道不遠了。經云：「未成佛道，先結人緣」。學佛切莫以財施論計，最重要在於自己的發心與正念；譬如您對人，展現一個微笑，一句讚美，一份誠意，一念善意，一些包容，一點寬恕，進而隨緣、隨分、隨力、隨心而行布施，皆是無上的「隨喜功德」。《法句經》云：「莫輕小惡，以為無殃，水滴雖微，漸盈大器，凡罪充滿，從小積成；莫輕小善，以為無福，水滴雖微，漸盈大器，凡福充滿，從纖纖積。」

有兩隻狗，一隻小狗，一隻大狗。有一天大狗看到小狗老是繞圈圈，咬他自己的尾巴，大狗疑惑地問小狗說：「你為什麼老是繞圈圈咬自己的尾巴呢？」小狗回答：「大狗，你難道不知道，人家說，幸福就在我們的尾巴上。我在找自己的幸福，所以要咬我的尾巴。」大狗又說：「你老是咬尾巴咬得到幸福嗎？」小狗不解地反問道：「大狗，那你是怎麼找你的幸福快樂的？」大狗很有自信地回答：「我找幸福快樂，是向前走，只要我向前走，狗尾巴上的幸福快樂自然跟隨我而來。」

幸福快樂就是我們的「福德資糧」，就在我們的方寸之間，因為心中那顆真正的摩尼寶珠未曾失去，也無需向外苦苦追求；平等、清淨心就是「道」了。六祖惠能大師說：「與汝說者，即非密也；汝若返照，*密在汝邊。」

＊　＊　＊　＊　＊

利行：為四攝法之一。菩薩攝受眾生，令其生起親愛心而引入佛道，以至開悟。謂行身、口、意善行，利益眾生，令生親愛心而受道。包括助學上進，授其生活技能等。

同事：謂親近眾生同其苦樂，並以法眼見眾生根性而隨其所樂分形示現，令其同霑利益，因而入道。即以同理心分享其苦樂。

密在汝邊：密意原指佛陀真實、秘密之語與教示。在此則指人人本具之真如本性。就是自己的摩尼寶珠，不曾失去。

27 點亮心燈

燈，可以讓黑暗變成光明；燈，也可以給予海上的船隻指引方向；就好像點亮自己的心燈一樣，就能迎向嶄新瑰麗的人生，自利利他；燈，它照亮著前方的路，可以讓夜歸的人安全回家。所謂：「千年闇室，一燈即明」。如何點亮我們的心燈呢？

一、身做好事：明朝袁了凡的故事告訴我們，日行一善即能改變命運。雖然有些人主張「及時行樂」，但是，別忘了「行善最樂」。所謂：「人為善，福雖未至，禍已遠離；人為惡，禍雖未至，福已遠離。」從行善中可以體會人生的意義，更能提升生命的價值。

二、口說好話：說好話，讚美別人，相對肯定自己。人的身、口、意行為造作，如飛蛾撲火，仰天唾面，自作自受。其中口業是最容易修持，因它不需要很多的金錢，也不需要花很多的時間，只要口常說好話，猶如口吐妙香，可以直接使人感受歡喜和愉悅；反之，口亦最易造業。

三、心存善念：星雲大師說：「人可以什麼都不要，就是不能沒有慈悲心。」「慈悲」是一個人生命最寶貴的核心價值；一個人生活中，若能常存慈悲，與人為善，給人歡喜，給人方便，這就是慈悲的表現。

我們不妨靜下心來細細思量，世間任何事物哪一樣不是眾緣和合而成？哪一樣不是生滅法？若能惜福感恩，就是培植福德。佛教講「諸法因緣生，諸法因緣滅。」了解因緣，對周遭人事物，即能常懷感恩心。感恩眾生的善緣成就，感恩父母的養育之恩，感恩師長的教誨之恩，感謝諸佛菩薩慈悲照護之恩。唯有常存感恩心，才能保任心燈不滅。

我在監獄弘法布教時，常與那些受刑人面對面近距離的接觸，傾聽他們內心的聲音，有掙扎、有懊惱、有徬徨、有猶豫，但我仍然相信「人性本善」，因為佛法的甘露法水，可以潛移默化地引導、滋養他們虛浮妄動的心。畢竟，「人非聖賢，孰能無過？」宗教懺悔的力量，確能洗滌內心的垢穢，讓他們在物欲橫流的紅塵裡，找到安身立命之處，只要自己願意接受。過去的已逝，不須懊悔，把握當下那一念純善增上的心，才為重要。

過去，有兄弟三人，雖然沒有出家，但是喜好打坐參禪，因此就跟隨佛光禪師學禪，時日一久，為了求更高的悟境，一起相約出外*行腳雲遊。有一天，在日落時借宿於一個村莊，恰巧這戶人家的婦人剛死去丈夫，帶了七個子女生活。第二天，三兄弟正要上路的時候，最小的弟弟就對兩位哥哥道：「你們兩位繼續前往參學吧！我決定留在這裡不走了。」兩位哥哥對於弟弟的變節非常不滿，認為太沒有志氣，出外參學，才見到一個寡婦就動心留下，氣憤地拂袖而去。這位新寡婦人，一個婦道人家要獨自撫育七個年幼的孩子，實在不容易，幸好有這位師兄自願幫助她。她看到三師弟一表人才，就自願以身相許。三師弟說：「妳丈夫剛死不久，我們馬上就結婚實在不好，妳應該為丈夫守孝三年，再談婚事。」三年以後，女方提出結婚的要求，三師弟再拒絕道：「如果我和妳結婚，實在對不起妳的丈夫，讓我也為他守孝三年吧！」三年後，女方又提出結婚要求，三師弟再度婉拒道：「為了彼此將來的幸福美滿，無愧於心，我們共同為妳的丈夫守孝三年再結婚吧！」三年、三年、再三年，經過九年，這一戶人家的小兒小女都長大了，三師弟看到他助人的心意已完成，就和婦人道別，獨自步上求道的路。

這位三師弟，喜好參禪，他雖然不入山打坐，反而為一家孤兒寡母服務，不為世間的五欲六塵所轉，轉穢土為淨域，可以說這位師弟才是真正懂得禪法，慈悲與智慧的展現。佛法若能用之於生活，好比苦海的舟航，黑夜的明燈，亦是救世的良方。

「心如大海無邊際，廣植淨蓮養身心；自有一雙無事手，為作世間慈悲人」，希望我們大家都來行善布施，做個有愛心的人，把心中的那一盞光明柔美的燈點亮，遍照黑暗的角落。「心燈」可以是超越物外的，是無量、無邊、無盡燃燒的泉源；星雲大師提倡三好運動「做好事、說好話、存好心」，淨化人心；我相信，只要人人奉行三好，放下人我之間的嫉妒瞋恚，社會便能呈現一片祥和，人間淨土，就在眼前。

* * * * *

行腳雲遊：謂僧侶無一定居所，或為尋訪名師，或為自我修持，或為教化他人，而廣遊四方。遊方之僧即稱為行腳僧。與禪宗參禪學道之「雲水」同義。

28 慈悲

黃山谷〈戒殺詩〉說：「我肉眾生肉，名殊體不殊，原同一種性，祇是別形軀。苦惱從他受，甘肥為我須，莫教閻老斷，自揣應何如。」「慈悲」是佛教的重要教義之一，大乘佛教講的慈悲是拔苦與樂、悲憫眾生、廣度有情的無住悲心，是「但願眾生得離苦，不為自己求安樂」的慈悲真心；進一步言，即佛教的「無緣大慈，同體大悲」，菩薩救苦救難化導眾生的慈心悲願，佛光山開山宗長星雲大師說：「給人信心、給人歡喜、給人希望、給人方便」，「給」就是慈悲的展現。又說：「給人利用，才有價值」。「慈悲」用俗話說，就是悲憫心、同情心、同理心是也。

講到「慈悲」一詞，可以說五教同源。佛教講慈悲，道教講無為，儒教講忠恕，基督講博愛，回教講清真；都是以「愛」「善」為出發點，提倡「真、善、美、淨」的思想理論，無非讓世人淨化人心、和睦相處、無瞋無諍、和平大同等等，這些都是「慈悲」的深層內涵及意義。古印度著名的大乘佛教瑜伽行派創始人之一的*世親與*無著兩兄弟，哥哥無著修慈悲觀，直入大乘，弟弟世親修上師密法，研究大毘婆沙論。無著在修持的過程中，一直想觀到彌勒菩薩，親自學習他的慈悲與喜捨，到山上修苦行六年後，沒有一點吉祥夢兆，想退道心下山求去。下山後在路上遇到一位用軟布磨大鐵條的老婆婆，無著就趨前問老婆婆磨此鐵條做什麼？老婆婆答稱：「要磨成繡花針！」無著聽後頓有所悟，他認為世人尤其是老婆婆仍有如此恆心毅力，而我還是個修行人，怎不慚愧？才又回到山上再苦修三年，三年後還是沒有吉祥夢兆。感到心灰意冷的離開茅蓬，在半路上遇到了一位老公公，用羽毛做的撢子在拂一座山，無著問他這是做什麼？老公公回答：「因為山擋住了陽光必須將山移開」，為此無著深受老公公感動，又回到山上修觀，三年過後還是沒有瑞兆，再次放棄下山，這次在半路上遇到一隻瘸腳的狗，狗的後腳跟腐爛到已長蛆，這隻凶惡的狗對著無著狂吠，但無著沒有生氣相對，反而拿一些食物餵牠，這時他看到狗的後腳跟長滿了蟲，一時大悲心生起，閉目正想用舌頭去舔牠的傷處，此時彌勒菩薩才示現在他面前。他問彌勒菩薩：為什麼他修觀十二年，不曾見到彌勒菩薩，今天他只是一念的悲心，反而能親見菩薩您？彌勒菩薩回答說：「我不曾離開過您的身邊，因您的大悲心才成就無餘的清淨，而見到法身；不信您把我扛在肩上到市集上去，看眾生可不可以看到我？」結果大家都沒能見著彌勒菩薩，後有一位老婆婆因為業障較輕有看見肩上背著一條死狗，才想到彌勒菩薩所言為真。

世人著相修行，無法悟到*一真法界，見取自性；修行人離相絕非，了知緣起性空真理，往心地上下工夫，就能明心見性，見性成佛。佛陀說：「見緣起即見法，見法即見佛。」慈悲不是口號，是布施、愛語、利行、同事四攝法的實踐，是慈悲喜捨四無量心的自然流露。平時要多與人為善，從善如流，廣結善緣；諸如吃素、護生、放生、往生助念、環保淨灘、收養流浪狗、照顧老弱婦孺、關懷貧困失怙兒童等等皆是福德資糧；但若能從中感同身受，悲憫心生，隨力助緣，便是功德的昇華；進一步恆順眾生，滿眾生願，也是一種慈悲的展現。所謂：「助人為快樂之本」。星雲大師曾說：「我們人可以什麼都不要，就是不能沒有慈悲心。」長養慈悲心，對於一個大乘行者而言，可以說是非常重要的修行內涵。

* * * * *

世親：《俱舍論》作者，無著之弟。四、五世紀頃北印度健馱邏國富婁沙富羅城人。入經量部立志改善有部教義。師初抨擊大乘佛教，謂大乘非佛所說。後以無著之方便開示，始悟大乘之理，轉而信奉、弘揚大乘要義，奠定大乘佛教瑜伽行派之基礎。

無著：師初於小乘薩婆多部（說一切有部）出家，因思惟空義不能得入，欲自殺，時東毘提訶有賓頭羅前來為說小乘空觀。師初聞悟入然對此猶不滿意，乃以神通往兜率天從彌勒菩薩受大乘空觀，歸來如說思惟，遂達大乘空觀。後又數往兜率天學《瑜伽師地論》等大乘之深義，致力於法相大乘之宣揚。

一真法界：一，即無二；真，即不妄。交徹融攝，故稱法界。即是諸法平等法身，從本以來不生不滅，非空非有，離名離相，無內無外，惟一真實，不可思議，故稱一真法界。

29 福慧雙修

佛門裡我們常聽到「福慧雙修，解行並重」這句話。什麼叫「福慧雙修？」福就是福報，慧代表智慧，佛陀是福德智慧具足圓滿，所以是兩足尊。那是無始劫以來積功累德的功果圓滿，萬德莊嚴，所謂「三祇修福慧，百劫修相好」。修行是累積的功夫，不是一蹴可及的，也無所謂的「捷徑」，要實實在在一步一腳印，老實修行才能得力。

過去有兩位修行人，一個修慧不修福，一個修福不修慧，結果往生後，哥哥投胎為出家人，修成阿羅漢果，弟弟投胎轉世到皇宮內的大象，享受榮華富貴的生活。哥哥雖證得正果，但畢竟修行仍要「*藉假修真」，有此色身肉體，平時還需飲食調養，長養色身，可是每次外出托缽都托空缽，沒人供養，這就是前世沒有修到福報。弟弟呢？雖然生在皇宮國院，瓔珞寶冠，珍珠瑪瑙披身，但妝扮得再漂亮，畢竟還只是個大象身，沒有智慧，再大的世間福報沒有善用轉化成「功德法財」，什麼也帶不走！所以有一句偈語說：「修福不修慧，大象掛瓔珞；修慧不修福，羅漢應供薄。」如何修得智慧？深入經藏，誦經拜佛，常常聽經聞法，多聞熏習，參加讀書會，親近善知識，法布施等都是。那福報是怎麼修得呢？福報可分為世間福與出世間福兩種，一般人都只著重在世間福上，什麼是世間福？舉凡有相的布施、濟貧、義工、行善、吃素、孝順等皆是；出世間福呢？就是能夠受持三皈五戒而不犯，無相發心，如建寺供僧，發菩提心，深信因果，修清淨業等皆是。出世間福才是究竟之功德法財，切忌「一念瞋心起，火燒功德林」。

過去有一個苦行僧，日日出坡作務，勞役苦行，從無怨言，也不*攀緣戲論，每天定課六十卷的《金剛經》，數十年如一日，從未荒廢懈怠。有一天和以前的師兄重逢，這時這位師兄已是個鼎鼎大名的大和尚，四處受人邀請講經說法。十幾年不見，師兄關切地問：「師弟，這十幾年來，你是怎麼用功？」師弟答曰：「除了寺裡的勞役工作，我每天只有讀誦《金剛經》」。師兄聽後氣惱他沒有多多學習經教義理，十幾年來還是做雜役的工作，搖搖頭就要和他告別。「師兄！我們難得見一次面，我就誦一部《金剛經》來祝福您吧！」苦行僧就席地而坐，開始諷誦，從開頭的經題「金剛般若波羅蜜經」，頓時空中響起梵樂絃歌，誦到「一時佛在舍衛國，祇樹給孤獨園……」時，四周異香撲鼻；在誦到「爾時，須菩提即從座起……」，只見雨天*曼陀羅華，紛紛四落！

所謂：「說道一丈，不如行道一尺」，修行重在實踐，講求心地功夫，《華嚴經》云：「如說修行，乃得佛法；非但口言，而可清淨」，各位善知識，你意會了嗎？

＊ ＊ ＊ ＊ ＊

藉假修真：藉此我四大假合之身，修證無上菩提達於不生不滅之境地。

攀緣戲論：攀緣，指眾生之妄想緣取三界諸法，此乃一切煩惱之根源。戲論，即違背真理，不能增進善法而無意義之言論。

曼陀羅華：釋尊將說法華經而入於三昧時，從天降下之四種花之一。此現象稱為雨華瑞。

30 精進

「精進」為六度波羅蜜之一，大乘佛教六度波羅蜜指的是：布施、持戒、忍辱、精進、禪定、般若。「波羅蜜」意指通往涅槃彼岸的智慧修行法門。在《金剛經》第一分開始，佛陀即示現生活的六度，著衣持缽，次第乞食，洗足敷座等，這表示世尊他日常即行精進，一切不假手他人。世尊說：「我也是眾僧中的一個。」等無差別。若依佛教的法要，真正的精進則是「四正勤」，即：「已生惡，令斷除，未生惡，令不生；已生善，令增長，未生善，令生起。」為自己的道業，法身慧命，勤修不息。且能「止觀雙修」，止是定，觀是慧；不但要消極地止息一切妄念，更要積極地行一切善法；當學習在家居士最佳典範的「維摩詰居士」的修持：「雖處居家，不著三界；示有妻子，常修梵行。」*晝夜六時，行、住、坐、臥，身口意都在止觀，無不是修行。

在世間法裡，精進就是勤奮向上，努力不懈，各人盡自己本分事。你是工人，就把工人本分的事做好；你是學生，就念好自己的書；你是為人父母者，你就把自己的小孩教育好，把家庭安頓妥當；每個人都扮演好自己的角色，盡自己本分，此即是世間「精進」的意義。出世間法裡，能夠做到「諸惡莫作，眾善奉行」，亦是精進。起心動念，時時內觀，密護六根，不令放逸，安住在無為的佛法中；尤其現代寺院大乘道場多提倡走出叢林，接引眾生，以菩薩不捨任一眾生之悲心，大開所謂方便法門。諸如行門方面：啟建各型法會、念佛共修、八關齋戒（一日一夜）、短期出家、義工頭陀、佛七、禪七等；解門部分有佛學講座、經典讀書會等修持管道，皆可自主契應選擇所好。個人平日若能恆課不輟，佛號不斷，奉行*五戒十善，實踐*六度萬行，累積資糧，是則大乘菩薩修持的精進，焉然顯現，福慧雙修。

佛陀時代，有一位比丘，自出家以來，父母從未放棄說服他還俗，一再以親情及豐厚的財富試圖動搖他求道的信心。而他自己也一直徘徊在親情與佛道之間，為此苦惱不堪。這一天，他終於鼓起勇氣向佛陀稟明，請佛陀為他開示如何降伏內心的煩惱魔。佛陀於是向他說了這樣一則故事：

有一位鋤頭賢人，他原本是個農夫，從早到晚辛勤在園裡除草種菜，後來他就發心出家。出家之後，覺得很不習慣，又還俗回去種田。但是種田實在辛苦，想想，還是出家沒煩惱，就又出家去了。出家以後，他又無法適應每天早晚的精勤修行，為了不辱佛門清靜的勤樸形象，又再度還俗。如此出家、還俗、還俗、出家，總是不能持久，而慈悲的佛陀總是方便包容了他的進退。這一次，他維持了一段長久的出家生活，不曾動過還俗的念頭，忽然看到一把從前用過的鋤頭，心念一動，又想起從前農夫的生活，日出而作，日落而息的逍遙生活，忍不住就荷著鋤頭，一路走一路想，不知不覺來到江邊，望著滔滔的江水，終於下定決心：「都是這把鋤頭，害得我在佛道裡進進出出，來來去去。唉！人生究竟有多少歲月可以蹉跎呢？今天決定不再退心還俗了！」他毅然決然地把鋤頭往江中丟去，只見鋤頭迅速地沉沒，泛起陣陣漣漪，所有的掙扎疑悔也隨之消失，頓然有種解脫的感覺，心想自己以後再也不必掙扎了。這個時候，正好有一位國王作戰勝利，率領一大批兵將班師回國，一行人浩浩蕩蕩乘船而下，鋤頭賢人忍不住大喊：「你們作戰勝利了嗎？你們能打倒敵人，卻不能勝過自己。我，鋤頭賢人，今天終於戰勝了天下最頑強的敵人『自己』，我丟掉了鋤頭，放下了我的執著，戰勝了我心裡的煩惱，我才是真正的勝利者啊！」說到這裡，佛陀無限慈愛地告訴他：「世間上最可怕的敵人不在外面，而是我們自己內心的貪瞋癡煩惱。修行就是和自己的煩惱作戰，能戰勝自己的人，才是真正的勝利者。」聽了佛陀的開示，比丘若有所悟，發願一定要戰勝自己，做個堪受佛法的大器。

其實，學佛沒那麼嚴肅、束縛，你可以快樂的學佛，但第一個要素是你先要相信因果，至其他修行法門可以依個人根機、契應度的不同，次第熏習，達到最後無住、無相、無得、無我的境界。

＊　＊　＊　＊　＊

晝夜六時：印度分一晝夜為六時，即晝三時、夜三時。

五戒十善：五戒，指五種制戒。為在家男女所受持之。即殺生、偷盜、邪淫、妄語、飲酒。十善，屬身業者三，屬口業者四，屬意業者三。即殺生、偷盜、邪淫、妄語、兩舌、惡口、綺語、貪欲、瞋恚、邪見。修五戒十善外加禪定，可生天。

六度萬行：為達到菩提而於身、口、意所作之善行為。包含行六度波羅蜜。

31 廣修供養

「廣修供養」是普賢十大願裡的其中一願，用通俗的話說，就是有「與人結緣」的心，歡喜布施。經典上說：「諸供養中，法供養第一。」「廣修供養」指一切善法的施予，廣義的供養：包括僧寶的四事供養（衣服、飲食、臥具、湯藥），一般社會貧困者，金錢、日用品的慈善救濟，孤獨老人的照護，一句讚美的話，說柔軟語，態度誠懇謙卑，這都是能廣結善緣的布施供養，尤以讓人聽聞佛法後，能心開意解的「法布施」為最。

廣修供養在「唯識宗」裡屬於「*資糧位」的修成，為助道的資糧。是*菩薩五十二階位修學的前方便法。成佛之道之圓滿菩提，具足資糧位不可或缺。世間法裡，一個有供養心的人，他能歡喜與人結緣，將所愛的東西布施出來與人分享，這就是「捨」；有捨才有得。「捨」能對治慳貪的心，是累積世間福的捷徑法門。

有一次，佛陀和阿難入城乞食時，看見一群孩童在路旁嬉戲。他們聚集沙土建造房屋及倉庫，並以土做米，儲藏於沙土建造的倉庫中。這時候，有一個小孩遙見佛陀迎面而來，升起布施的心，天真地捧著沙土做的米要供養佛陀，佛陀微笑的接受。阿難很疑惑，為什麼佛陀要接受這沙做的米？回到精舍後，阿難合掌恭敬問佛：「佛陀！這小孩布施一點沙土又有什麼功德呢？這沙土做的米，為什麼您要接受呢？」「阿難！你忘記了嗎？佛法貴於發心的真偽，不在事相的美醜貴賤，這小孩發無分別心，行大布施，不可輕視！小孩的泥土供養，於我涅槃後一百年間，將得到作大國王的福報，名叫阿育，而且其他小孩都做他的侍臣擁護他。這小孩會興隆三寶，於*閻浮提遍布我的舍利，廣建八萬四千塔，令信者增進善根，未信者有得度因緣。」後來「阿育王」做了佛教的大護法。

在佛教的法會儀軌中，於《法華經‧法師品》之說，有所謂的十種供養：花、香、瓔珞、末香、塗香、燒香、繒蓋、幢幡、衣服、伎樂等十種供養，禮敬諸佛，將獲無上利益。其實，身、口、意三業如果能夠受持清淨，至誠供養諸佛菩薩，功德更為殊勝。佛門有一話說：「財入山門，福歸施主。」我們供養三寶，或建寺立塔，捐助出去的錢財，在當下的一念，功德已具；以佛教的觀點，意念講的就是「動機」，我們就不必罣礙對方的運用及榜示了。世間上，在人我交遊之中，如果你有喜捨的心，你的人際關係將會更好，大家也樂於與你親近。所以我們要「廣修供養」、「廣結善緣」，道理在此。

＊　＊　＊　＊

資糧位：為唯識宗所立五種修行階位中之第一階位。即為趨往無上菩提，於地前初阿僧祇劫修集施戒等種種諸善以為福智之資糧，稱為資糧位。然於此一階位未修真如觀，未能伏除能取、所取等二取之種子，而有煩惱、所知等二障，故所求知菩提、所修之行等皆廣大難修，易生退屈。

菩薩五十二階位：大乘菩薩之五十二種階位。即十信、十住、十行、回向、十地、等覺、妙覺。

閻浮提：又稱南贍部洲、南閻浮提。原本係指印度之地，後則泛指人間世界。

32 輪迴

佛教對生命有「輪迴」之說，佛教將法界的境地分六凡四聖：即三惡道（地獄、餓鬼、畜生），三善道（阿修羅、人、天），四聖道（聲聞、緣覺、菩薩、佛）等，統稱為「十法界」。茲分述如下：

一、地獄道：此道眾生，所受的果報最為痛苦，也最為慘烈。小時候，在廟埕前無意間看到播放之地獄眾生受報的影片，至今仍記憶猶新，使我具因果善惡的芻觀，多少產生警惕作用。及長，因緣具足學佛，對於因果業報的真理，有更深一層的認識。末法一切行惡眾生，造作五逆十惡，將墮地獄受苦。其中有所謂的十八層地獄之說：八寒、八熱地獄，更有寒冰地獄、叫喚地獄、拔舌地獄、剝皮地獄、無間地獄等等，地獄罪報，百千苦楚，無有出期，聞之生畏；若廣解說，窮劫不盡。其實，在現世就有人間地獄，只要你到醫院走一趟，地獄一幕清楚現前。有一句話說：「放下屠刀，立地成佛。」倒也不是造作五逆十惡的人就無機會贖罪，只要至心誠意懺悔，經典上說：一句佛號，就能滅除八十億劫生死重罪。

二、餓鬼道：凡造作貪、瞋、嫉妒或飢渴而亡的，都墮餓鬼道。目犍連的母親死後就是墮到此道，目犍連證得阿羅漢果後，有一次以神通力為母親餵食，因餓鬼喉細如針，食物一到喉嚨就化為灰燼，目犍連非常傷心，就去請問佛陀如何超薦其母？佛陀慈悲地告訴他，應於每年的農曆七月十五日，備辦齋食，供養法師，並恭請出家修行人為母誦經懺悔，將此功德回向，即可得度。這就是佛教有名的「盂蘭盆法會」由來。

三、畜生道：生性愚癡，沒有智慧，不明因果者多墮此道。又有胎、卵、濕、化四種受生方式。如梁武帝愛妃死後墮蟒蛇，痛苦萬分，後經梁武帝請*寶誌禪師為其啟建「梁皇寶懺懺儀」，以法會懺悔功德回向，而得脫蟒身。

四、人道：又稱堪忍世界，人道是苦樂參半。得人身要在世持守五戒，才有機會投胎做人，佛教有一個「盲龜浮木」的譬喻故事：就是有一隻眼盲的海龜，在茫茫大海中每一百年才浮出水面呼吸一次，而每次浮出水面時，頭剛好穿過漂流木中間的一個圓洞，試問此機率有多渺茫？此即比喻「人身難得，佛法難聞。」佛陀出世在人間，修行在人間，說法在人間，成佛也在人間；所以人道是最好修行的地方。人道有三種殊勝之處：勇猛、憶念、梵行勝。

五、阿修羅道：果報殊勝僅次於天，但卻沒有天人的德行。生前雖行下品十善，但因瞋恚、疑心、我慢，而不能升天。此類眾生，又經常與天人作戰。

六、天道：在生時修十善業、禪定、行布施，即可投胎天道。此為六道中福報最為殊勝，思衣得衣，思食得食，福報雖大，但仍有「五衰相現」的一天，終究要墮落輪迴，我們學佛的人，不可以此道為滿足。天界又可分為欲界、色界、無色界三界二十八天。天界有四種殊勝：身勝（體型高大）、定勝（禪定甚深）、壽勝（壽命長久）、樂勝（禪悅法喜）。

七、聲聞：因聽聞佛陀的教法而證悟，所證的果位屬小乘初果、二果、三果、四果阿羅漢道。阿羅漢已斷「見惑八十八品，思惑八十一品」無明，為小乘之最高果位。

八、緣覺：聽聞佛陀所說的十二因緣教法而開悟，又稱辟支佛。

九、菩薩：菩薩就是發起「上求佛道，下化眾生」之心，以慈悲、智慧，廣度有緣，實踐六度萬行，不捨任一眾生。受持四弘誓願：「眾生無邊誓願度、煩惱無盡誓願斷、法門無量誓願學、佛道無上誓願成。」以觀世音菩薩（聞聲救苦）、地藏王菩薩（地獄不空，誓不成佛），文殊菩薩（智慧）、普賢菩薩（行願）等四大菩薩最具代表性。

十、佛：為自覺、覺他、覺行圓滿之聖者，已成就無上正等正覺之「無住涅槃」的寂靜境界，常、樂、我、淨。並具足「*五眼六通」之智慧神通力。為十法界中之最高層次。

六凡，在三界內受生死輪迴之苦，沉浮於業識大海之中，惑、業、苦，輾轉相續，無有休止。苦海無邊，何時能了？地獄裡所謂：「望鄉台上盡是執迷不悟，愛欲情深之人。」我們要體悟「無常」即是「常」的真理。今生一定要把握難得的人身，透視這身臭皮囊乃四大假合，好好藉假修真，超凡入聖，以了生脫死，才是徹底領悟、有智慧之人。

＊　＊　＊　＊

寶誌禪師：南朝僧。年少出家，師事道林寺僧儉，修習禪業。劉宋泰始年間，往來於都邑，居無定所，時或賦詩，其言每似讖記，四民遂爭就問福禍。齊武帝以其惑眾，投之於獄。至梁武帝建國，始解其禁。師每與帝長談，所言皆經論義。天監十三年十二月示寂，世壽九十六。

五眼六通：五眼，指五種眼力。即肉眼，為肉身所具之眼；天眼，為色界天人因修禪定所得之眼；慧眼，為二乘人之眼，能識出真空實相；法眼，即菩薩為救度一切眾生，能照見一切法門之眼；佛眼，即具足前述之四種眼作用之佛眼，一切皆見。六通，指六種超人間而自由無礙之力。即神足通、天眼通、天耳通、他心通、宿命通、漏盡通。

33 無可得

有一次仰山慧寂禪師問雙峰禪師道：「師弟近日可有什麼見地？」雙峰：「據我所知，實無一法可得！」慧寂：「你這樣仍然停滯在塵境之上啊！」雙峰：「我無一法可得，怎可又說我停滯在塵境上呢？」慧寂：「以為無法可得，其實就已有一法可得。」雙峰：「我只能做到這樣！根不隨塵，心不在境，師兄你認為應該怎麼樣？」慧寂：「你為什麼不去追究那無一法可得的？」做老師的溈山靈祐禪師在旁邊聽了這句話，不禁歡喜地讚歎道：「慧寂呀！你這一句話，可要疑煞天下人啦！」

雙峰仍然不解，他以為既然無一法可得，又怎麼去追究呢？靈祐禪師知道雙峰的心意，故對他說：「你就是一個天下人啊！」

禪者的修行，就是要修那無修的行門，就是要證那無證的果位，因為無修才是真修，無證才是真證，故所謂無一法可得，才得真得。因為「行到山窮水盡處，自然得個轉身時」，就是此意。《維摩經》云：「啟建*水月道場，大作*空華佛事，降伏鏡裡魔軍，證悟夢中佛果。」真正的禪者，即應作如是觀。

《金剛經》云：「須菩提白佛言，世尊，佛得阿耨多羅三藐三菩提為無所得耶，佛言，如是如是，須菩提，我於阿耨多羅三藐三菩提，乃至無有少法可得，是名阿耨多羅三藐三菩提。」所以要修得無上正等正覺，必須離相絕非。

禪宗所講的「五百至心」即能見性，何謂「五百至心」？

一、百不管：凡事都能放下，觀緣起性空之真理，但不是消極的避世觀念。

二、百不著：凡事相的東西，均不執著有我。

三、百不問：是與非，對與錯，乃是有「我」與「我所」的對待，仍離不開意識心的分別作用；要知道有人的地方，就會有是非。

四、百無相：世間一切都是緣生緣滅，屬於有為的生滅法，如能跳脫桎梏，認清本就空寂無物，不過是人賦予的方便假名，也不必著相。

五、百放下：既知一切法不可得，即使是富豪權貴、國王宰相，擁有世間最高的五欲（財、色、名、食、睡），遇到了生、老、病、死，成、住、壞、空，哪一樣是你的？最後都得放下！何不趁早起修，把「貪、瞋、癡」內化為「戒、定、慧」，才是別人真正偷不走的如來本性。

*　*　*　*　*

水月道場：水月喻諸法所緣之境無實體，而定心能起如實知、如實見之心法，恰如水中之月非實存，然因其性澄清乃能顯現月相。表諸行（法）無常、空幻不實，隨緣起作；水月道場只是藉由假名。

空華佛事：空華指空中之華。比喻無實體之境界，由於妄見而起錯覺，以為實有。菩薩化導眾生，基於大慈大悲，行持佛事是隨機應化，沒有眾生之相，因無相無住，故實無眾生可度也。

34 朝山

朝山是佛教一種信仰修持的法門與活動之一，中國四大名山：普陀山的觀世音菩薩，五台山的文殊師利菩薩，峨嵋山的普賢菩薩，九華山的地藏王菩薩，每年都有成千上萬人前往朝山禮佛，絡繹於途。朝山的功德包括：降伏我慢、消除業障、廣結法緣、長養道心。我們可以用感恩心、慚愧心、恭敬心、菩提心來朝山。朝山須要因緣，能夠朝中國四大名山，固然是個人福報或稱因緣具足，如果不能，也不用罣礙，就近在台灣佛光山也有代表悲、智、願、行四大菩薩的象徵，那裡有供奉觀音菩薩的大悲殿，供奉文殊菩薩的大智殿，供奉普賢菩薩的普賢殿，及供奉地藏菩薩的地藏殿。現代人生活忙碌，其實，可以安排週休二日，全家人前往佛光山朝山禮佛，以淨化內心的塵垢，沉澱心靈後再重新出發，其殊勝意義及產生無形的加持力，將無可言喻。

二〇〇六年五月十六日是佛光山開山四十週年的日子，特舉辦一系列的朝山禮佛修持活動，星雲大師說：「修持是佛光山的根本，佛光山因朝山而有。」早年，佛光山為帶動信眾前往禮佛，每週籌組朝山團，從山林走向社會，以出世的精神，做入世的事業，成為台灣極具影響力的*大乘佛教道場。所謂：「禮佛一拜，罪滅河沙；念佛一聲，福增無量。」大師說：「透過朝山，拜出佛的意義、慈悲、莊嚴與智慧，並把內心的佛性拜出來；朝山禮拜，與佛接心。」朝山也是一種修持法門之一，更是心靈層次的淨化與提升，如果在禮拜的當下，能發願功德回向法界有情，長養*慈悲喜捨的心並為自己種下出世的菩提種子，也可以說是「宿植德本，福不唐捐」。

有一信士問佛光禪師道：「經說：『供養百千諸佛，不如供養一無心道人。』不知百千諸佛有何過？無心道人有何德？」佛光禪師用詩偈回答道：「一片白雲橫谷口，幾多歸鳥盡迷巢。」這意思是說，只因多了一片白雲，歸巢的鳥雀都迷了路，飛不回家了。因為供養諸佛，有了對象，反而迷失了自己；供養無心道人，乃以無分別智超越一切。百千諸佛，雖無過失，但無心道人，而能認識自己。信士又問道：「既是清淨佛伽藍，為何敲打魚和鼓？」佛光禪師仍用詩偈回答道：「直須打出青霄外，免見龍門點頭人。」這意思是說，清淨寺院道場，所以敲打木魚、撞擊皮鼓，完全別有深義。如敲木魚，是因魚在水中，從不閉眼，故以木魚以示精進不懈；打鼓，只為消業增福。魚鼓之聲，上達雲霄之外，何必還受輪迴之苦？信士再問道：「在家既能學佛道，何必出家著僧裝？」佛光禪師還是用詩偈答道：「孔雀雖有色嚴身，不如鴻鵠能高飛。」這意思是說在家修行固然很好，但終不比出家修行更能精專一致，孔雀的顏色雖然好看，終不比雁鳥能夠高飛！信士的心中疑雲終於被佛光禪師拂了。

清順治皇帝〈讚僧詩〉云：「黃金白玉非為貴，惟有袈裟披肩難。」所謂：「在家雖有富貴力，不如出家功德深。」這是讚歎出家的種種福報善因，自古皆然，不在話下。

有些人每年定期朝山，把朝山當作修持的功課之一，其實，也非常殊勝、得力；也有不少人因朝山，得靈感的有之，病症不藥而癒的有之，所求如願的有之，朝山感應真是不可思議，不勝枚舉。佛光山宗委會針對歷年信眾因朝山的種種感應蒐錄編輯成《佛光山靈感錄》，可以藉由他們的真情表露而增益我們對道業的信心，而朝山的真正意義是降伏我慢心，*清淨三業，長養內在的慈悲與智慧。

* * * *

大乘佛教：乘，即交通工具之意。係指能將眾生從煩惱之此岸載至覺悟之彼岸之教法。在《阿含經》，尊稱佛陀之教說為「大乘」。大、小乘之語，係釋尊入滅後一段時期，大乘佛教興起後，由於大、小乘對立而起之名詞。

慈悲喜捨：稱作四無量心。即佛菩薩為普度無量眾生，令離苦得樂，所應具有之四種精神。又據《俱舍論》卷二十九載，四無量對治四障之說，即以慈無量對治瞋，悲無量對治害，喜無量對治不欣慰，捨無量對治欲界貪瞋。

清淨三業：指身、口、意三業。身業指不殺生、不偷盜、不邪淫；口業有不妄語、不兩舌、不惡口、不綺語；意業指不貪、不瞋、不邪見。此三業均能保持清淨善業，不造作。

35 八風吹不動

佛印禪師與蘇東坡是多年好友，經常在一起談禪論道，有一天蘇東坡寫了一首偈語，差書僮從江北瓜州送到江南金山寺給佛印禪師指正，以炫耀自己在禪坐修持上的功力，偈語這麼寫：「稽首天中天，毫光照大千，八風吹不動，端坐紫金蓮。」禪師看後，批了兩個字「放屁！」囑書僮攜回。蘇東坡一見，怒不可遏，立即過江找佛印禪師理論。「你不讚美也就罷了，還口出惡言。」禪師和悅地對他說：「從詩偈上看，你的修養很高，既已八風吹不動，怎又一屁打過江？」蘇東坡聽後，啞口無言，默然以對。

原來呀！我們修行的功夫還差一截呢！這是禪宗裡面一則非常有名的公案，大家耳熟能詳。「八風」指的是我們日常生活所遇八種境界的風，即「稱、譏、毀、譽、利、衰、苦、樂」，能夠吹拂人的身心，使之快樂歡喜，苦惱惆悵。別人稱讚你，你心就陶醉沸揚，人家毀謗譏嫌，你就瞋恨不悅，為衰、苦、利、樂的境界所折服。反之，如果你能觀這一切都是因緣所生，緣起緣滅，了無自性，*空性無相，通達了「*第一義諦」，哪裡有對待？哪裡有善惡？順、逆境來時，仍能如如不動，思惟這一切不都是「唯心所現！唯識所變」嗎？佛門有一句偈語：「佛在靈山莫遠求，靈山只在汝心頭，人人有個靈山塔，好向靈山塔下修。」我們凡夫俗子都是一樣，所謂「說時似悟，對境生迷。」道理人人會說，佛法若沒有在生活上實修實證，那不過是別人的東西，對自己沒有一點提升及受用，方便說只是結個善緣罷了！所謂「說食不能當飽，畫餅不能充饑」是也，凡事我們都得反求諸己，懺悔「業重福薄、障深慧淺」，以一顆恭敬心，精進心起修，離相絕非，才是究竟不二法門。四祖道信大師說：「百千妙門，同歸方寸；恆沙功德，總在心源。」《金剛經》云：「若見諸相非相，即見如來。」能夠深入義趣，你就見道了。

有一次，佛陀上忉利天為天人說法三個月，神通第一的目犍連告訴大眾，佛陀七天後會返回人間，來到僧迦尸國的大水池邊。國王、大臣，一切出家、在家弟子都前往迎接佛陀，蓮花色比丘尼用神通力，化作*轉輪聖王的威德，具足七寶，迎佛行列，浩浩蕩蕩。當時，解空第一的須菩提尊者正在靈鷲山的一座山洞中縫補衣服，他聽說佛陀今日要返回人間，所有的七眾弟子都前往禮拜佛陀。他想：我應該前去拜見佛陀。當他正要從座起身時，頓然領悟，思惟什麼是佛陀？是眼、耳、鼻、舌、身、意六根嗎？還是佛陀的外相？如果我到僧迦尸國去拜見佛陀，那只是禮拜地、水、火、風四大罷了！應如佛陀所教誡的，真正的禮佛，是觀照諸法空性，我應該歸命禮敬佛陀的法身。因此，須菩提坐下繼續縫補衣服。此時蓮花色比丘尼化身的轉輪聖王，眾寶赫赫，威嚴端照，到達大水池邊。所有的國王、人民都被其威神攝伏，紛紛走避。蓮花色比丘尼向前禮拜佛陀，喜不自勝地說：「我是第一個見到佛陀您，第一個向您頂禮的弟子。」佛陀說：「蓮花色，你不是第一個禮拜佛陀的人，最先拜見佛陀的人是須菩提。如果有人想要親見佛陀，應當繫心思惟，觀照空性，才是真正頂禮佛陀。」

我們世間凡夫，每天妄想紛飛，心外求法，忽略了每一個當下的因緣，其實，每個人的摩尼寶珠不曾失去，本自具足。「理有頓悟，事須漸修。」六祖惠能大師說：「菩提只向心覓，何勞向外求玄？」其實，內心的摩尼寶珠，平等具足，沒有增減，沒有垢淨，沒有善惡的對待，意即離開意識心的差別對待，即是人人本具的清淨佛性了。

＊　＊　＊　＊

空性無相：離我、法二執之實體，無相無境，實不可得。如「人」乃地、水、火、風四大假合而成。

第一義諦：亦稱真諦，勝義諦，依無漏之聖智所澈見的真實之理。為無生無滅之空，了知此等空無道理稱之。

轉輪聖王：亦即旋轉輪寶之王，王擁有七寶，具足四德，統一須彌四周，以正法御世，其國土豐饒，人民和樂。如阿育王是鐵輪王，而於人壽百歲時出世。

人間菩提

佛門偈語：

學道容易入道難，

入道容易守道難，

守道容易悟道難，

悟道容易發心難。

36 世間五欲

世間五欲指的就是「財、色、名、食、睡」等五種足以讓人迷惑顛倒的有形物質體，世間上很少人可以抵擋得住它的誘惑與纏縛，因為這五種幻化的東西，就與你的生活息息相關，它可以使你生活沈溺，滿足六根的虛榮，甚至可以讓你玩弄權勢，喜不自勝。除非你離群索居修行去；縱使離群索居，若沒有修到見性，放下諸緣貪愛，仍是世間凡夫。因此我們稱之為「世間五欲」，它屬於世間法、世俗諦的範疇，不能了生脫死。所謂：「財、色、名、食、睡，地獄五條根。」正明白地指出，貪婪於「財、色、名、食、睡」五欲當中，將是墮入地獄的根本業因。茲分述如下：

一、財：沒有人會嫌自己的錢財太多，一般人的想法是錢越多越好。世間上我們常聽到的一些話是：「有錢好辦事」、「有錢能使鬼推磨」、「有錢不是萬能，沒錢萬萬不能。」、「一塊錢可以逼死一條英雄好漢。」說的雖是事實。但佛教的看法上就不一樣：「錢財乃五家共有」、「錢用了才是自己的。」「七聖財：信仰、聽聞、精進、持戒、慚愧、布施、*定慧」、「有錢買不到氣質、睡眠、健康、智慧、解脫。」、「萬般帶不去，唯有業隨身。」「黃金是毒蛇」。無非警惕修行人不要為物欲所馭。

二、色：世間上對我們感官誘惑的東西實在太多了，亦即六根追逐著六塵，念念生滅，根塵相對。古時候一個皇后王妃可以傾國傾城，因為「英雄難過美人關」。修行人就要捨離、斷除淫欲，但在家居士，如果做到不邪淫就已是不簡單了（唯受*菩薩戒的人，有六重戒二十八輕戒戒律必須持守）。淫欲心重的人，可以修不淨觀或白骨觀，予以降伏。《普門品》亦云：「若有眾生，多於淫欲，常念恭敬觀世音菩薩，便得離欲。」當初阿難尊者就是陷入摩登伽女的美色誘惑中，法身慧命差點毀於一旦。所以對治色欲，定慧的功夫非常重要。

三、名：名位心重的人，離不開排場、頭銜、掌聲，更離不開有相的名位。世間法，名位代表社會地位。如果你出門有雙B代步，專任司機；回家是洋房別墅，僕人伺候，感覺上多威風啊！用佛法觀，世間福報暫且不說，要體悟人生如潮汐，有起也有落，有上台就有下台的時候，這就是「無常」。稱、譏、毀、譽、利、衰、苦、樂要能八風吹不動，才能超塵絕俗。其實這都屬於世間的假名，妄想心使然。生滅法裡，哪有貴賤高低之分？經云：「心生種種法生，心滅種種法滅。」平常心是道。

四、食：「民以食為天」，為了生存，世間人開門七件事：柴、米、油、鹽、醬、醋、茶，樣樣重要。珍饈美味，滿漢全席，每天所見就是吃的景況。坊間流行199吃到飽，一般人，即使吃到撐不下去了，還是要夾個甜點水果，外加一杯飲料才罷休。其實吃是正常的，只看你有無適度、適當的觀照節制能力。有一句話說：「人為財死，鳥為食亡。」出家人就不一樣：有人過午不食、清淨持戒；有人不吃零食；有人連奶蛋都不吃；有人三餐只以水果裹腹，主要用意就是要斷除口腹之欲。貪也是三毒之一，障礙修行。

五、睡：人不能沒有睡眠，若長期熬夜失眠，傷肝損脾，日久對身體將有害，休息是為了走更長遠的路。但過分的貪睡昏沉，就成了懈怠、消極，荒廢事業。阿那律尊者曾被佛陀喝斥：「咄咄汝好睡，螺螄蚌殼內，一睡一千年，不聞佛名字。」後精進修行，證得了天眼通。

《佛說八大人覺經》：「多欲為苦，生死疲勞，從貪欲起，少欲無為，身心自在。」過去有一位旅人，在曠野中被一隻大象追逐，後躲到古井裡攀著一根樹藤的時候，井底出現四條毒蛇（*地水火風），一直往上爬要咬他。他正想往上攀時，上面又有兩隻黑白老鼠（無常），正在啃噬著那根樹藤。旅人被牠們上下夾攻，正進退維谷，恐懼萬分時，忽從井口上方滴下五滴蜂蜜在他口中。這時，旅人竟因此忘了大象的追逐與毒蛇的逼迫等等所有的威脅，就陶醉在蜂蜜的甜美中。到底那五滴蜜指的是什麼？使旅人忘記了生命的無常呢？那就是「財、色、名、食、睡」世間五欲。所謂：「財、色、名、食、睡，地獄五條根。」

＊　＊　＊　＊　＊

定慧：即禪定與智慧。蓋自性有體（定）、用（慧）之關係，體即用者慧不離定；用即體者，定不離慧。故定慧要等持。

菩薩戒：乃開發眾生本有佛性至佛果之戒。為大乘菩薩之戒法，又作三聚淨戒。即攝律儀戒、攝善法戒、攝眾生戒。

地水火風：指構成色法之四大要素。地大有堅性，水大有濕性，火大有暖性，風大有動性。

37 正知見

「知見」正確與否？對於一個人的人生思想價值，影響至鉅。即使你學富五車，高知識份子，若知見偏頗錯誤，人生也不究竟圓滿。何以「正見」居佛教八正道之首，其重要性，可見一斑。古時候「黔婁」家貧，死後連覆蓋屍體的布都不夠長，有人建議斜蓋著，黔婁的太太堅持不要，並說：「寧可正而不足，不可斜而有餘。」「知見」如同寬敞筆直的道路，行走其間就能平坦舒適；又如馬之韁繩，車之輪軸，舉足輕重，堪為駕馭之鑰。

《金剛經》云：「發*阿耨多羅三藐三菩提心者，於法不說*斷滅相。」對於佛教的真理，必須符合普遍如此、必然如此、本來如此、永恆如此等條件，諸如因果業力、*緣起性空之教理，若能如實觀照；不落入空有兩邊，亦不偏於斷常二見，行於中道，依「*了義」，離「四相」，不「攀緣」，絕「戲論」，我想，「正知正見」雖不中，已近矣！尤以修學佛道的人，如果不能依持正法，信解行證，次第修行；而邪知邪見，顯異惑眾，縱使「念佛」至喊破喉嚨，「修禪」達坐破蒲團之境地，亦是枉然。明朝袁了凡作了一首醒世語是這樣寫的：「一時勸人以口，百世勸人以書，功德悉皆無量，為善最樂；五戒可保人身，十善可升天界，因果決定不昧，讀書有益；在聖不增，在凡不減，妄心歇即真心，豈可隨俗浮沉；遇父言慈，遇子言孝，佛法不外世法，正應代佛宣化。」一個人，若知見正確，言行舉止無愧良知，理事必能功果圓滿；念頭湛然清澈無私，則遇事順遂吉祥，感招龍天護法，護持讚歎。《楞嚴經》云：「因地不真，果遭迂曲。」說明我們在修學佛道，重在保持正念正見，心念良善美意，果報就能菩提圓滿；心念邪惡瞋嫉，即便修福修慧，也屬有漏。僧璨大師說：「至道無難，唯嫌揀擇；執之失度，必入邪路。」

佛陀時代，舍衛國城內的大街上，有一位五官端正的青年，神情慌亂的狂奔著。阿難遇見了，叫住他：「年輕人！這樣的慌張，有什麼急事？」「尊者！婆羅門說，如果想要生天，必須在十五月圓之日，赤身露體，身擦胡麻油，朝東疾走，遇到任何凶惡都不要避開，這樣就能生天了。我正在努力修行，希望能夠生天。」「你想要生天，不如我陪你去問大智慧的佛陀吧！他會教導你生天的方法。」阿難與青年來到精舍，佛陀問他們：「發生了什麼事？」於是阿難便一五一十地將事情原委向佛陀報告。「佛陀！十五月圓赤身露體向東疾奔，真的可以生天嗎？」「阿難！一個沒有學過游泳的人投向瀑流，這人有生存的希望嗎？一個沒有學過御馬術的人，能夠騎在野馬上安然無恙嗎？」「佛陀！那是不可能的。沒有學過游泳，投身於瀑流必定沒頂；沒有學過御馬術，要騎坐野馬，也必定摔傷。」「阿難！在瀑流中要能得救，首先要學會游泳，就好比眾生在五濁惡世的瀑流中找到正確的方向，首先要有戒定慧三學，有了戒定慧作為調心的助緣，自然可以出離欲海。」「阿難！八正道就是調心的方法，好比御者馴服馬匹一樣，馴服了的五根，可以為心王拉車，能起大用。」佛陀接著轉身對青年慈祥地開示道：「善男子！十五月圓，就如同我們內心沒有貪瞋癡的烏雲，心光能圓滿照耀。婆羅門要你把衣服脫光，這是要你把我執的鎧甲卸下，呈現我們本來的面目，婆羅門要你向前疾奔，是要你在修行道上心無旁鶩，努力的精進，最後終能超越五欲六塵的五濁世間，到達禪悅法喜的天界。善男子！心中圓滿的明月，比天空的月圓更加重要啊！」惠能大師：「不思善，不思惡，屏息諸緣，勿生一念，哪個才是我們的本來面目。」

吾人時時處處，若能保任心中圓滿的明月，具足福慧資糧，在佛道上的修持，將會更臻圓滿。

＊　＊　＊　＊

阿耨多羅三藐三菩提：譯為無上正等正覺，指佛之境界。

斷滅相：即主張眾生死後完全斷滅。

緣起性空：一切萬有皆由因緣之聚散而生滅，因緣和合而假生，空無自性。

了義：凡直接、完全顯了述盡佛法道理之法義稱之。亦指能了生死之智慧法義。

38 何物不可恃

「恃」是倚仗、依靠的意思，世間上什麼不可恃？財富？名位？美貌？權勢？神通？這些都屬世間法，皆有生滅，不恆常。然世間上什麼事情才可恃？慈悲！智慧！聽聞！慚愧！道德！持戒！信仰！這些才是出世間的聖財；才是不生不滅的究竟法財。微觀世間人，我們有時候，會仗恃父親是民意代表，藉此威勢凌人；有時候，好朋友是達官顯要，狐假虎威；有時候，炫耀自己交際手腕，能遊走於黑白兩道間，不可一世；有時候，家族是企業大老闆，顯得財大氣粗；其實，各位不妨細細思量，這些世間有漏萬物，沒有一樣是恆「恃」得住的？外財不足恃，內財最為貴，因為外財有生滅來去，但如果你懂得善用、轉化它，那才是真正屬於自己的功德法財，別人是偷不走的。譬如說：你有「錢」，但慈悲濟世，廣結善緣，則德行服人；如果你有「權」，但懂得身段柔軟，謙卑客氣，將令人敬重；如果你有

「名」，但知道平等待人，照顧弱勢，更受人愛戴。俗話說：「靠山山倒，靠人人老，靠自己最好！」試問，錢財是萬能的嗎？名位能永遠擁有嗎？美貌能長保青春嗎？權勢會恆常不衰嗎？朋友能靠得住嗎？答案是：「都不盡然！」因為，「錢財」乃五家所共，而錢能解決的事，還算小事，就怕再多的錢也買不回健康、友誼、名譽；「朋友」人情如紙之薄；「美貌」是地、水、火、風四大五蘊假合的我，終會生老病死，「權勢」也許只是一時機運亨通，隨朝更替。「名位」觀宦海浮沉，高處不勝寒；所以這些不盡然都靠得住，還得有善因緣的助成，放下自在，千萬別迷惑在*諸行無常的五欲六塵裡。

佛陀時代，有一次，佛陀在祇園精舍為諸比丘說法，有一個*梵志愁眉苦臉，匆匆忙忙來到佛前頂禮說道：「佛陀！我不幸遭遇到人生最煩惱的兩件事，請佛陀為我解憂！」「第一件是我最心愛的女兒，今年才十五歲，長得美麗聰明，前天忽然得重病死了。另外，我田裡所種的麥子，已成熟待割，卻被野火燒光了。我一生心血幾天之內破壞幻滅，真叫我痛不欲生；有人告訴我，佛陀能解除人生一切的煩惱，因此我來請求佛陀解救。」佛陀憐憫道：「梵志！不必悲傷了，這是定業，非人力所能及。世間的一切都是生滅無常，人生沒有不散的筵席，沒有不凋謝的花朵，也沒有不飄落的葉子。自然界的現象是如此，人生的一切，當然亦是如此。世間有四事不能夠長久：一、有常，必有無常。二、有富貴，就必有貧賤。三、相聚者終要別離。四、體健者仍不免衰老病死。」梵志屏氣靜聽，把佛陀的話思惟一番後，問道：「佛陀！既然世間上的一切是無常不可靠的，那麼什麼才是真實的呢？」「真理法性。」佛陀簡單的一句話，讓梵志立刻有所體悟。梵志的心中，被佛智的光明一照，煩惱痛苦的雲霧立刻消散。後發願追隨佛陀出家，證得正果。

淨土八祖蓮池大師所著〈七筆勾〉：「獨占鰲頭，謾說男兒得意秋。金印懸如斗，聲勢非常久。嗏，多少枉馳求，童顏鵠首，夢覺黃粱，一笑無何有？因此把富貴功名一筆勾。」「富比王侯，你道歡時我道愁。求者多生受，得者憂傾覆。嗏，淡飯勝珍饈，衲衣如繡，天地吾廬，大厦何須搆，因此把家舍田園一筆勾。」一代大師，勤勸世人，迷途知返，言猶在耳，你是不是還有很多可恃的東西？不如*息諸緣務，密護妄動的六根；縱使你擁有慈悲、智慧、聽聞、慚愧、道德、持戒、信仰等出世間聖財，也不足為恃，那不過是眾生本自具足的清淨佛性罷了！萬法皆空，無相離妄，凡事若能盡本分，活在當下，樂觀積極，修清淨心，發菩提心，才是真正屬於自家寶藏。

＊　＊　＊　＊

諸行無常：為三法印之一，為一切有為諸法概皆無常，眾生不能了知，凡於無常中執常想。

梵志：乃志求梵天法之人；另印度對於一般在家之婆羅門稱之；又一切外道之出家者亦泛稱為梵志。

息諸緣務：遠離一切造作之世間繁瑣，放下萬緣。

39 忍辱

有一句話說：「小不忍則亂大謀」，強調凡事都以忍為先，息事寧人，明哲保身。忍是大力，是培植福德資糧的妙方，為菩薩修行「六度」之重要法門。佛法上，忍可分為「*生忍、*法忍及*無生法忍」三種層次。佛陀於過去五百世作忍辱仙人時，歌利王惡逆無道，一日，率宮人出遊，忍辱仙人於樹下禪坐，隨侍女見之，捨歌利王而至忍辱仙人處聽法，王見之生惡心，遂割截仙人之肢體，這是一段佛陀本生故事。《佛遺教經》云：「忍之為德，持戒、苦行所不能及；能行忍者，乃可名為有力大人。」經云：「慚恥之服，無上莊嚴。」星雲大師說：「一般人忍寒、忍熱、忍貧、忍苦、忍飢容易，但忍氣不易。」

過去在森林裡住著兩隻雁，雁和池塘裡的烏龜是好朋友。有一年夏季，久旱不雨，池水乾涸。兩隻雁很同情烏龜的處境，想幫忙他遷移到有水的住處，雁想到一個辦法，用一根樹枝叫烏龜銜在口中，兩隻雁各執一端，囑咐烏龜在未達目的地時，千萬不能開口講話，以免從空中摔落。於是雁帶著烏龜向高空飛行著，當經過一個村莊上空時，恰好被一群孩童瞧見了，他們驚叫：「烏龜被大雁銜去了，大家快來看呀！」烏龜聽到下面孩童的喊叫，心裡十分生氣，認為自己受到羞辱，不禁怒火中燒，就開口怒罵道：「你們懂什麼？我才不是被雁銜去的！」剎那間，開口爭辯的烏龜，從高空跌落，粉身碎骨而亡。

《金剛經》云：「受持此經若為人輕賤，是人先世罪業應墮惡道，以今世人輕賤故，先世罪業即為消滅，當得阿耨多羅三藐三菩提。」受持演說金剛妙法，具無量無邊之功德。遙想佛陀時代，覺悟的佛陀仍不免有九種罪報，何況我們薄地凡夫。

未出家前的鴦掘摩羅，因誤信殺人取指能升天解脫，所以傷人無數，他殺人後將死者的指頭串成項鍊，配戴在身，人們對他的凶殘，既畏懼又痛恨，給他取名叫「指鬘外道」。後來，鴦掘摩羅受到佛陀的教化，成為一位修善的比丘。但是鴦掘摩羅每天同其他比丘入城乞食，民眾仍不忘對他過去所做的惡行而投擲石頭、瞋罵羞辱。日復一日，乞食畢的鴦掘摩羅總是衣衫破碎，血跡斑斑；有一天，佛陀把他叫到跟前，慈悲安慰地說：「鴦掘摩羅，你必須安忍不動，要歡喜接受。先前造下的罪業，仗著今日勤修的善法，就像原本鹹苦的水注入清水，日後必是甘美。以前種下的罪業要以潔淨的善業償還，就像烏雲散盡，看到光芒，照亮自己，也照亮別人。」後來，鴦掘摩羅因精進勤修，證得阿羅漢果。寒山問拾得：「若有人醜你、謗你、侮你、欺你、騙你，如何處之？」拾得答曰：「忍他、讓他、避他、由他，不要理他，數年之後，你且看他！」寒山、捨得的一段行忍對話，讓我們如醍醐灌頂。

這是兩則與忍有關，饒富啟發性的小故事。

星雲大師早年在宜蘭雷音寺弘化時，寺中有一位林居士，能力強，做事效率高，但為人強悍無理。有一天，大師到林居士家談事，林居士問：「你是不是有拿錢資助慈惠法師他們到台中進修幼教？」大師據實回答：「有！」林居士一聽生氣的往桌上用力一拍，罵道：「你要死啊！你怎麼可以給他們錢。」大師當下只覺得為佛教感到難過，因為當時基督教都可以大力栽培年輕人，為何佛教連資助三位年輕人進修幼教都不行？後來大師為了佛教，就忍了下來，並打消去意。大師說：「這一忍對他的修行功力至少增加了二十年！」因此他很感謝宜蘭的信徒給他的磨練。其實，我們生活在此紛紜的人際關係裡，凡事無不在考驗著我們「行忍」的功夫。

* * * *

生忍：能隨順並安忍於生活上、世間的一切順逆境界，包含五蘊感官，是為生忍。

法忍：能依住佛法生活，了知一切因緣生滅，不為外境所動，是為法忍。

無生法忍：我、法二執俱泯，超越世間事相之束縛，體悟真如之空義，達於不生不滅，解脫自在，是為無生法忍。

40 有無之間

如果「有」跟「無」讓你挑選的話，一般人都會選「有」的多，因世間人認為「有」代表富有、滿足與福報，「無」表示貧窮、空乏與多舛。「有與無」就世間法而言，顯示在表象、意識、對待、生滅的「有為法」中；若能跳脫、超越，體悟不住於相的空義，即是真如的「無為法」了。《金剛經》云：「如我解佛所說義，無有定法名阿耨多羅三藐三菩提，亦無有定法如來可說。」「如來所說法皆不可取、不可說、非法、非非法。」溥畹大師說：「*妙有不有，故將真空而遣有；*真空不空，特假妙有以除空。」所以，法性是遍一切智，離一切相；真如是性相不二，*色空一如。

有一位居士，向智藏禪師請教：「禪師，有沒有天堂地獄？有沒有佛和菩薩？有沒有因果報應？」居士接連發問幾個問題，禪師都一一回答：「有呀！有呀！」這位居士聽後，搔搔頭，不以為然地說：「禪師，你答錯了！我請教徑山禪師和你相同的問題，他都說：『沒有呀！沒有呀！』你怎麼說『有』呢？」智藏禪師知道這位居士的根性，於是反問他：「你有老婆嗎？你有金銀財寶嗎？你有房舍田產嗎？」居士答：「這些我當然都有。」禪師附在這位居士耳邊說：「你擁有妻兒家小，財寶田產，徑山禪師有嗎？」「當然沒有。」智藏禪師於是正色地說：「所以，徑山禪師跟你說無，我跟你說有。」

韓國著名的通度寺和海印寺，有一天，兩寺禪僧不期而遇，談論間就互比自己寺院之大小。通度寺禪僧說：「我寺之大為全國第一。」海印寺禪僧：「何以見得？」通度寺禪僧就說：「我每次吃飯時還必須再坐船去盛湯哩！」海印寺禪僧也不甘示弱地說：「我們海印寺才大呢！」通度寺禪僧不以為然地說：「何以見得？」海印寺禪僧說道：「在海印寺上廁所，要等三分鐘才能聽到糞便掉到糞池的聲音。」此時樹下坐著另一位禪僧，緩緩地站起來說：「我們松廣寺才大呢！（此寺因有十六國師被各王朝加封又稱僧寶寺）寺裡的禪者個個擁有虛空，你們能走得出虛空嗎？」

世間人，凡落入了比較，就有大小、分別、執著之見；若能離妄歸真，不就無限、無量的寬廣，所謂：「心包太虛，量周沙界」是也。

星雲大師一生處世圓融，與人無爭，提倡老二哲學：「你對我錯，你有我無，你大我小，你樂我苦。」他說：「物質的東西，享有就好，不一定要擁有。」因為他懂得「給」的人生，體悟「施比受，更為有福」的道理，所以能夠身心自在，不為物役。雖然「無」的世界，表面上看似貧窘、吃虧，實際上是賺到了自在與平安。」有一句話說：「心中有事三界窄，心若無塵一床寬。」我們要感謝生命中所擁有的，亦感謝生命所沒有的。世上許多事情，「有」有「有」的煩惱，「沒有」有「沒有」的好處；「有」不見得是好，「沒有」也無須怨尤，凡事只要盡其本分，不攀緣，不著相，惜福知足，生活自然就恬淡自在！所謂：「萬古長空，一朝風月。」能不住於有、無兩邊，於好於惡，勿生增減；識心達本，活在當下，開顯吾人那顆如來藏心，讓它發光發亮，才為重要！

＊　＊　＊　＊　＊

妙有不有：意不可思議、絕待，如果能觀一切我、法二空，即超越有、無之對立。

真空不空：諸法依因緣生起而無自性，謂之空；此空非無見、斷見之空，稱為真空。真空能滅幻有，若幻有不滅，即非真空。

色空一如：色，廣義而言，乃物質之總稱。不論物質或精神現象均屬因緣所生法，無固定不變之自性及實體，故色之本質為空。色空即是一如。

41 沉澱與沉潛

「沉澱」就是心能安住在一個寧靜的境域中，不起造作；「沉潛」則是深沉潛伏，養深積厚，內才不外顯，沉穩內斂。生活中，我們有很多無明煩惱，枷鎖葛藤，不勝擾心，此時，我們可以到寺院道場去參加禪修念佛，沉澱、充電心靈後，再重新出發；或是找一個幽靜之所，冥思未來人生方向，如此，心明目斂，必收事半功倍之效。

每個人都需要自我沉澱，自我返照，在繁忙中，有時候要讓自己平靜下來，前方的路才會看得更清楚。「沉潛」是當一個人才識智慧達於一定的水平時，不自傲，不外恃，懂得深藏不露，虛懷若谷；但聞眾生所需，再入世隨緣度化，倒駕慈航，而不是孤守一方，即是「沉潛」的深一層意義。如同星雲大師於二〇〇六年八十歲時宣布「封人」，就是要沉潛自己，養深積厚，化為更大的慈悲願力，以做對眾生更有助益的事，而不是不再過問世事，這就是大乘菩薩的性格。

香嚴智閑因百丈禪師*圓寂後，就到師兄溈山靈祐禪師處參學，溈山一見香嚴智閑就問道：「我聽說你在先師百丈處聞一知十，聞十知百，不過那只是知解上的問答。我現在不問你生平體會到的以及經卷冊子上記得的知識，但我要問你在未出娘胎前，什麼是你的本分事？試說一句看看，我為你印證。」

香嚴智閑懵然不知應對，沉思了一會後，才說：「請師兄替我說！」

溈山禪師道：「我說，那是我的見解；對你，又有什麼益處呢？」香嚴智閑於是回到僧堂，把所有語錄經卷搬出來，左翻右翻，竟然沒有一句合乎應對的話，嘆息道：「說食不能當飽，畫餅豈可充飢？」因此便把所有典籍付之一炬，發誓說：「這輩子不研究義學了，從今後，好好做個粥飯僧，免得浪費心神。」香嚴智閑拜辭溈山禪師，到南陽慧忠國師住過的遺址禁足潛修。有一天，在割除雜草時，無意中瓦礫擊中竹子，發出響聲，他廓然頓悟，說偈云：「一擊忘所知，更不假修治；動容揚古路，不墮悄然機。處處無蹤跡，聲色外威儀；諸方達道者，咸言上上機。」

從這段公案推敲，就可以明白知識是知識，悟道是悟道。知識是從分別意識上去認知的，悟道是從*無分別智上體證的。禪，也不是從枯坐默守中可以悟的，禪仍然要經過分別意識到無分別智的。設若香嚴智閑沒有慧解，就是用鐵錘把竹子打破，一樣也不會開悟入禪。

＊　＊　＊　＊　＊

圓寂：即般涅槃之意。涅槃即滅卻煩惱之狀態。後世稱僧侶之死為圓寂。

無分別智：又作根本智。乃諸智之根本，以其能契證真如之妙理，平等如實，無有差別。

42 見賢思齊

《論語・里仁》：「見賢，思齊焉；見不賢，而內自省也。」意即看到賢能的人，便想效法他；反之，看到惡行霸道，品行差的人，就要自我反省，不要和他們一樣。所謂：「他山之石，可以攻錯。」人因為有羞恥、憐憫心，而成為萬物之靈；人也因具有自省的功夫，知所不足，所以今日科技文明才能夠日新月異，精益求精，而一日千里。俗話說：「人往高處爬，水往低處流。」每個人都會想往好的方面學，總想出人頭地，成就一番事業，因此就會跟隨成功者的腳步，見賢思齊。除非是環境影響或逼迫，試問，誰願意自甘墮落？自毀前程？相同的道理，對於一個修學佛道的人，都想發願往生西方極樂世界，而修行的究竟目的，無非要得到*解脫，離苦得樂；故除了世尊說的*三藏十二部經，九千多卷法要，我們要信受奉行外，歷代高僧大德遺留的德行及證悟解脫的法門，仍是我們參究的歸處及學習的榜樣；同參道友間，有人精進用功，廣修福慧，我們則要見賢思齊；若拉回到現實生活中，每個人都有他的優缺點，我們可以去蕪存菁，存誠務實，學習他人的優點，這也就是「見賢思齊」的真諦。

趙州禪師一生疏散不羈，過著隨遇而安、隨緣、隨喜、隨眾的生活，從來都是處處無家處處家，而他一生*雲水，到八十多歲都在外面行腳，有詩說：「趙州八十猶行腳，只為心頭未悄然，即至歸來無一事，始知空費草鞋錢。」有一天，他行腳到雲居禪師處，雲居禪師問道：「你年紀這麼大了，仍到處奔跑，為什麼還不找個長居安身的住處？」趙州禪師聽後，像什麼都不懂似地問道：「怎麼樣才是我長居安身的住處呢？」雲居禪師道：「山前有一處荒廢了的古寺基地，你可以把它修復好居住。」趙州不以為然，反問道：「老和尚為什麼不自己去住呢？」又有一次，趙州禪師到茱萸禪師處，茱萸禪師道：「你年紀這麼大了，仍然到處雲遊行腳，為什麼不找個地方住下來安心修行呢？」趙州禪師感慨地說道：「你說什麼地方可以給我住下來安心修行呢？」茱萸禪師不以為然地反問道：「你不必問人，總之，你年紀這麼大了，連自己的住處都不知道，像你這樣說話可以嗎？」趙州禪師聞言，不禁肅然起敬地回答：「我三十年縱馬馳騁山水，隨緣生活，想不到今天才被驢子踢了一腳。」

禪者的生活是任運自如，雲水而居，但心止如水，澄淨寂照，晝夜六時念念仍安住於佛法定慧之中，其實，菩提自性本具，不假造作。真所謂：「行到水窮處，坐看雲起時。」心中乃是了了分明也。

＊　＊　＊　＊

解脫：由煩惱束縛中解放，而超脫迷苦之境地。廣義言之，擺脫世俗任何束縛，於宗教精神上感到自由，均可用稱之。

三藏十二部經：「三藏」指經藏、律藏、論藏，係印度佛教聖典之三種分類。十二部經，乃佛陀所說法，依其敘述形式與內容分成之十二種類，即長行、重頌、記別、諷頌、自說、因緣、譬喻、本事、本生、方廣、未曾有法、論議。此十二部，大小乘共通。

雲水：指為尋師求道，至各地行腳參學之出家人。以其居無定所，悠然自在，如行雲流水，故稱之。

43 角度

每個人對事情的看法角度不同，結果當然不同；見解不同，發展必然不同。角度或見解不同，我們不能說他不對而予以排斥；我們要有容人的雅量，亦即同中存異，異中求同的心；如海洋不辭百川匯成滄溟，高山不讓萬物而顯蒼峻，淬鍊出來的視野，將更為寬廣宏偉。所以百花齊放，百家爭鳴，不也是一種旖旎風光。宋朝蘇東坡寫下初悟禪機的境界是：「橫看成嶺側成峰，遠近高低各不同；不識廬山真面目，只緣身在此山中。」用意識心判解的事情，往往是見仁見智，若以「*戒定慧」思惟的結果，因從心流出，才是徹底見性。因此，我們還是要跳脫事相的束縛、往上提升，平等無住。

禪宗有一則有名的公案：六祖惠能大師得到衣缽之後，在獵人群中隱居了十五年，後因機緣成熟，開始行化於世間。有一天，途經法性寺正在啟建法會，看到兩位出家人正升起*旗幡並面紅耳赤地爭論不休，六祖惠能上前了解，才知道他們在爭論旗幡所以會飄動的原因，甲比丘說：「如果沒有風，幡子怎麼會動呢？所以說是風先動，幡才動。」乙比丘則說：「幡子沒有動，又怎麼知道風在動呢？所以說是幡子先動。」兩人各執一詞，互不相讓。惠能大師聽了，就對他們說：「二位請別吵，我願意為你們做個公正的裁判，其實不是風在動，也不是旗幡在動，而是二位仁者的心在動啊！」

從這則公案可以看出，每個人對外境的觀點、角度不同，各持己見，多少參雜了主觀意識，本位門戶之見，結果就有差異；我們如能去除事相、妄想、意識、分別的動念，以平等心視之，就像一池湖水，清澈見底，自性般若風光，自然現前，不是嗎？

* * * *

戒定慧：防非止惡為戒，息慮靜緣為定，破惡證真為慧；三學在聖者之身為無漏，故亦稱三無漏學。

旗幡：又作幢幡，是為莊嚴供具。用於讚歎佛菩薩及莊嚴道場，以顯示佛菩薩降魔之威德。

44 命運

以佛教的教理，「命運」如同一條鎖鏈，貫通過去、現在與未來，經云：「定業不能轉」，這是指宿世業因，無法改變；但今生所造作的行為，如果善多於惡，進而以至誠懇切的心，發露懺悔，並發願淨信行道及仰仗佛力的加持，猶可改變業力的牽引。道生法師提倡「*闡提成佛」的論述，當時曾被教內屏黜於佛門之外，最後論證其所言不虛而獲得平反，致更受人敬重。若以佛說「人人皆有佛性」及依「慈悲」為論述依據，是自性本空超越了世間的實相。《金剛經》云：「如來是真語者、實語者、如語者、*不異語者、不誑語者，此法無實無虛。」由此可證佛說的真理。其實，命運是自己行為反射的作用，種什麼因，得什麼果。命運等同於業力，每個人造作的業力，是不能逃出「自作自受」的因果法則，所以命運絕對是掌握在自己手中的。像明朝袁了凡就是一個最好的例子。他用累積善行的方式，改變了自己的宿命，增延了壽命。所謂：「各人吃飯各人飽，各人生死各人了。」每個人都是獨立的業報體，自己造作自己承擔，這是因果永恆的真理，乃至帝王宰相，下至販夫走卒，誰也無法例外。但是一個人的觀念與態度，將影響其未來命運，而習氣的改變列為首要；台大校長李嗣涔在勉勵學生人生應持的工作態度時曾說：「態度決定高度，高度決定格局。」

在迦葉佛時代，有一個婦人以佳餚供養迦葉佛及四大阿羅漢，可是婦人的丈夫卻想阻止她，於是婦人勸他說：「你不要阻止我了！我就是因為供養如來，才能得到今天的富足。」丈夫聽後才允許她供養如來。當時的丈夫就是幾劫後波斯匿王女兒善光的丈夫，當時的婦人，就是善光。因為善光違逆父意，說「福德因緣都是自己所造，非他人所給予」一語，被父王怒嫁到一貧窮家裡。當初因為丈夫阻止婦人的供養，所以現世要受貧窮的果報。後來因為聽從婦人的勸告而供養，所以今生才會因為善光而得到大富貴。

善惡業報，是永遠不會錯置的。福報的取得，不是神明賜予，也不是第三者所決定的，縱是家族親人，也只是助緣罷了，其實都要靠自己培植。古德云：「現在之福，積之祖宗，不可不惜，將來之福，貽之子孫，不可不培；現在之福，如點燃燈火，隨點隨竭，將來之福，如添油料，越點越久」。

有一天，一位大富長者備辦了上好飲食，恭請佛陀及弟子們到家中應供。一連幾天，到了第七天中午，佛陀告訴弟子們說：「我們在這裡只有七天的福報，長者供養我們的緣分已盡，我們還是早點回去吧！」阿難覺得很奇怪，說：「長者招呼我們如此殷勤，絕不可能明天就變冷淡。」當天佛陀與弟子們返回靈鷲山，翌日，阿難又獨自下山到長者家中，結果空缽而返。佛陀於是說明了這件事的原因：「無量劫以前，我是一位修行人，在一個嚴寒的冬天裡禪坐，見到一隻蝨子正挨餓受凍，於心不忍，就將那隻蝨子放在腐朽的屍骨上，使他多活了七天。現在這一位長者就是從前的那隻蝨子，因為過去我曾讓牠吃屍骨，多活了七天，所以今生只受他七天的供養。」弟子們聽了佛陀的開示，都生起正念，一致讚歎因緣果報的道理，甚深微妙，不可思議。

＊　＊　＊　＊　＊

闡提成佛：指斷絕一切善根無法成佛者。昔時，道生法師主張「闡提成佛」之說，遭受守舊僧徒之評擊，直至曇無讖譯出《大般涅槃經》後，此類說法乃漸被接受。

不異語：佛所說的言語，絕對真理不異（假），所以「月可令熱，日可令冷，佛說之語，不可令異。」

45 知足

經云：「知足第一富，無病第一貴，善友第一親，涅槃第一樂。」所謂：「事能知足心常樂，人到無求品自高。」〈戒不知足歌〉有云：「終日忙忙只為饑，纔得飽來便思衣。衣食兩般具豐足，房中又少美貌妻。娶下嬌妻并美妾，出入無轎少馬騎。驢馬成群轎已備，田地不廣用不支。買得良田千萬頃，又無官職被人欺。七品五品猶嫌少，四品三品仍嫌低。一品當朝為宰相，又羨稱王作帝時。心滿意足為天子，更望萬事無死期。總總妄想無止息，一棺長蓋抱恨歸。」有一句偈語：「別人騎馬我騎驢，看看眼前我不如，回頭一看推車漢，比上不足下有餘。」若能捨掉比較、計較之心，很多事情我們就不會罣礙煩惱，而能*隨緣放曠。然而，世間人往往欲海難填，試問到底「錢」多少才夠用？星雲大師說：「有錢是福報，用錢才是智慧；錢用了才是自己的。」又說「凡事享有就好，不一定要擁有。」擁有越多，煩惱越多。佛教講錢財乃五家所共（水、火災、盜賊、貪官污吏、不肖子孫），如能透視世間萬事萬物，無常、*因緣實相，了無自性、無一法可得，您就不會被執著、分別束縛，而就能觀事自在了。

當然，佛教不是教人不要有欲望，不要有錢財；而只要是淨財、善法、適當的，都是容許擁有。因為黃金不是毒蛇，有錢可以做很多有意義的事：可以護教衛法，可以慈善濟貧，可以建寺興學，可以造橋鋪路，凡是利益眾生的，都可以隨喜功德。重點在如何懂得知足常樂？像孔子弟子顏回，一簞食，一瓢飲，居陋巷，人不堪其憂，回也不改其樂。這種安貧樂道的淡泊生活，不為世間五欲（財、色、名、食、睡）六塵（色、聲、香、味、觸、法）煩惱而又能夠安住在「*禪悅法喜」中的又有幾個？

傳說仙人呂洞賓有一天從天界下凡，遇到一位少年坐在地上哭泣，他趨前問道：「少年朋友，你為什麼哭？」少年回答：「我母親臥病在床，沒錢看醫生。」呂洞賓一聽，很高興世間還有這麼孝順的孩子，於是使用法術將路旁的一塊石頭，變成黃金。當他把黃金交給這個孝子時，這個孩子卻搖搖手，表示不要這塊黃金。呂洞賓更加歡喜欣慰，這個孝子竟然還是一位不貪的君子。呂洞賓問：「你為什麼不要黃金？這塊黃金足夠讓你們母子幾年不愁衣食呀！」少年回答：「你給我的黃金，總有用完的時候，我想要你的金手指，以後只要我需要錢，隨意一指，遍地就是黃金，永遠也用不完。」

《佛遺教經》云：「若欲脫諸苦腦，當觀知足。知足之法，即是富樂安隱之處。知足之人，雖臥地上，猶為安樂。不知足者，雖處天堂，亦不稱意。不知足者，雖富而貧。知足之人，雖貧而富。不知足者，常為五欲所牽，為知足者之所憐憫。是名知足。」職是之故，佛陀對於「知足」的定義已經下了非常清楚的註解。其實，生活中知不知足？快不快樂？則是取決於你當下那一念。所謂：「人心不足蛇吞象。」人的欲望猶如無底的黑洞，永遠沒有填滿的一天，我們不要當富有的窮人，慳吝不捨，一毛不拔；窮沒有關係，只要行正意清，慈悲善念，三千大千世界就映現在你的心中，何窮之有？這乃是窮中的富人呀！因為他不作錢財的奴隸。

＊　＊　＊　＊　＊

隨緣放曠：真如全其不變之自性，而能隨染淨之緣，全體起動，顯現森羅萬象，稱為隨緣。心胸平坦處於定中，不執取一物，萬里晴空，謂之放曠。

因緣實相：緣起之理法乃永遠不變之真理，稱之。

禪悅法喜：入於禪定者，其心愉悅自適。洞徹明白，法喜充滿。

46 金玉其外

一休禪師有一位將軍弟子，有一天將軍請師父吃齋，一休禪師到達時，守衛的人不准他進去，因他穿著破爛的衣服。一休禪師沒有辦法，只好回去換了一件海青（大袍）袈裟，再去赴宴。當用齋的時候，一休把菜一直往衣袖裡裝，將軍看見了很詫異，就說道：「師父！是不是家中有老母？或寺裡有大眾？等一會兒我令人再煮菜送去，現在請您先用啊！」一休禪師道：「你今天是請衣服吃飯，並不是請我吃飯，所以我就給衣服吃！」將軍聽不懂禪師的話中之意，一休禪師只得解釋道：「我第一次來的時候，因為穿了一件破舊法衣，你的守衛不准我進門，我只好回去換了這身新的袈裟，他才放我進來，既然以穿衣服新舊做賓客的標準，所以我以為你是請衣服吃飯，我就給衣服吃嘛！」

這是一段非常饒富深意的禪宗公案，暗諷社會上存在不少的勢利現實，一般人仍用外在表相來論高低，而不以人格品德做圭臬；人與人之間，看不到真誠，有的似乎就是比名牌，論頭銜；嫉妒、比較、虛偽充斥其間，好像只要是「*金玉其外」，不管「*敗絮其中」。*一休禪師把飯菜給衣服吃，各位，衣服真的會吃飯嗎？錯了！是因為人有分別心，人只看外表、只見表面功夫，所以為何社會道德正義會逐漸式微，有其原因；其實，人我之間交遊，要拿出真誠、實在、務實、互助的精神，團體運作亦應如此，故此公案真給今日社會人士，一個最深層的反思。

＊　＊　＊　＊

金玉其外：外相光鮮亮麗，比喻只圖表面功夫。

敗絮其中：內才空蕩，無有是處，隱藏敗壞之跡。

一休禪師：日本臨濟宗禪師。好詠狂歌，不拘威儀，又善書畫。六歲出家，初於建仁寺習詩文，後至近江堅田之華叟宗曇處參學，承其印可。其後放曠漫遊，行止無定。於日本文明十三年入寂，世壽八十六。

47 信解行證

佛法方便說有八萬四千法門，只要能夠一門深入，門門都是得度的因緣，入道的鑰鎖。佛法雖然浩瀚深奧，三藏十二部經，初學者可以從信、解、行、證四個次第來實踐佛法，分述如下：

一、「信」就是對信仰要有信心、信入，才能如實受用法要。並皈依三寶，以確定信仰的目標。所謂：「佛法大海，唯信能入。」

二、「解」就是深入經藏、慧解經教、思惟義理，啟發智慧。

三、「行」就是依照佛陀教法如實修持、實踐，才能轉迷為悟，轉凡成聖。

四、「證」就是修行的最後目標，證悟解脫。斷煩惱，了生死。

所以學佛人若能依此次第起修，*解行並重，即能悠遊於法海之中，遊化人間，而觀照諸法實相，緣起性空的真理。經云：「以聞、思、修，入*三摩地。」三摩地即是正定的功夫，佛法重在實踐，慧解。

修學過程於行門中斷惡修善（止、定學），解門中轉迷成悟（觀、慧學），如此倍於正法，勤求修習，多聞熏習，迴光返照，日久功深，道業必然有所成就。所謂：「方便有多門，歸元無二路。」「條條道路通羅馬，門門皆可入佛道。」問題在於我們選對了門沒？走對了路沒？我們親近了善知識沒？我們依止了明師沒？否則我們盲修瞎煉，走火入魔，閉門造車，枉費心機，到頭來知見錯誤，沒有善知識，要導正可不是容易的事。

南嶽懷讓禪師住持般若寺時，每天有一位青年都會在大雄寶殿參禪打坐，禪師就趨前問青年：「這位大德，你在這兒做什麼？」青年不耐煩地答稱：「打坐！」禪師再問：「為什麼打坐？」青年很不高興回答：「成佛！」禪師仍慈悲地再問：「打坐怎麼能成佛？」這時青年默不再答，心想這位老和尚太過囉唆。禪師不得已，就拿了一塊磚頭，在青年座旁每天推磨，經過多日，青年終於好奇地問：「請問老和尚，你每天在此做什麼？」禪師回答：「磨磚頭！」青年：「磨磚頭做什麼？」禪師：「做鏡子！」青年：「磚頭怎能做鏡子？」禪師：「磨磚既不能成鏡，那打坐豈能成佛？」青年聽後，似有所悟，立刻恭敬地起身頂禮問道：「那要怎樣做才對呢？」禪師非常和善地答道：「譬如趕一輛牛車，假如牛車不進，是該打牛？還是打車？」青年聽後，跪下再問道：「修行要如何用心，才能達到無相三昧的境界？」禪師回答：「學心地法門，就像播種，我為你講解法要，就像天降甘霖，只等因緣和合，就能見道。」青年終於言下大悟，他就是禪門一代宗師馬祖道一禪師。

佛教有一句偈語：「學道容易入道難，入道容易守道難，守道容易悟道難，悟道容易發心難。」五祖弘忍大師說：「不識本心，學法無益。」學佛，要在心性上下工夫，下手處就是先要了解自己的根器及習氣所在，對症下藥；後於一切修學境界不執著，不住心，不分別，了無一法可得，即能般若智慧大用現前。六祖惠能大師說：「迷時師度，悟了自度，度名雖一，用處不同。」又說：「諸佛妙理，非闢文字。」文字如筏，是開啟智慧之鑰，也是一種熏習的方便。

＊　＊　＊　＊　＊

解行並重：即智解與修行並稱。了解佛道之真理與觀心修行之實踐，乃是相因相資，稱為解行相應。

三摩地：又作三昧。意為正定、等持。即將心定（止）於一處（境）的一種安定狀態。

48 恆河獅吼

清淨法身毘盧遮那佛，圓滿報身盧舍那佛，千百億化身釋迦牟尼佛。大雄寶殿裡人們讚頌供養您的梵唄法音，從古國印度飛越了世界高峰，穿過時空，禪心佛性源源流到了中國，就地發揚光大；您正法眼藏，付囑摩訶迦葉，達摩以降，以心印心，燈燈相映；真有「古人不見今時月，今月曾經照古人」的況味。那一輪高掛的明月，為我們延續著長長二千五百多年的慧命的燈，至今仍然光明照耀，在眾生最需要的時候，呈顯「千年闇室，一燈即明」的智慧作用；在在告訴我們佛弟子，直下承擔，讓正法久住，法輪常轉！何其感恩，今天還有一點點的福德因緣，能夠親嘗您的法味醍醐。

讚歎您三十二相，八十種隨形好的相好莊嚴，歷經三大阿僧祇劫修行成道的聖迹偉事，不敢遺忘；也許是您，二千五百多年前的那一聲師子吼，響徹雲霄，徹底喚醒了三期沉睡的眾生。三藏十二部經，九千多卷法要，您用四十九年的時間，示教利喜，不捨任一眾生，不斷不斷地開、示、悟、入佛之知見。試問，是不是相與性，空與有，生與佛，垢與淨，一如不二，等無差別？真如、解脫、空性、菩提、如來藏性，還真令人艱澀難懂，它又代表何意？是不是與現代星雲大師所提倡的「做好事，說好話，存好心」三好運動，生活佛法，相互輝映？

恆河獅吼，照開六道昏蒙，祈望您的法身，靈山再現，為末法眾生演說五時法味，開解生命的葛藤纏縛。

49 流轉的人生

「業力」就如行駛中的車輪，無始無終地往前奔流，永不止息。佛教教主釋迦牟尼佛因觀「緣起」而證悟，而因果是佛教重要的教理之一，若能了知世間萬事萬物都是因緣和合而成，沒有主宰、獨立性，且是剎那剎那的遷流變化，世間的一切，我們自然就不會那麼地執著而被憂悲苦惱所繫縛。所謂「諸法因緣生，諸法因緣滅」緣起緣滅是亙古彌新，萬劫不滅的自然法則，就如同春夏秋冬四季的嬗遞一般。譬如生死問題，從古至今，無論帝王宰相，販夫走卒，沒有一個人可以不死、不老、不病的，縱即集大權於一身的秦始皇也不能倖免，這就是人的業報體，是生滅，是因緣，是業感，生命均由起惑造業而來。佛教的「三法印」：「諸行無常，諸法無我，涅槃寂靜」。普遍如此、本來如此、必然如此、永恆如此。《法華經》云：「如是因，如是果，法爾如是。」佛教講三世因果，前世今生，且貫通未來，遇緣而起現行。每個人都有一個業報主體「*阿賴耶識」，他儲藏著許多善、惡種子，只要遇緣，則起有受報的果，或許現世報，或許來生再報，或多生累劫後報。俗話說：「善有善報，惡有惡報，不是不報，時辰未到。」經云：「假使百千劫，所作業不亡，因緣會遇時，果報還自受。」阿賴耶識（第八意識）的種子是隨*中陰身神識而投胎轉世的，「人身難得今已得，佛法難聞今已聞，此生不向今身度，更待何生度此身。」

我們要懂得「隨緣消舊業，莫再造新殃」，消業的方法就「出世間法」而言，有「建寺供僧、誦經念佛、持咒參禪、拜懺持戒、放生助印」等等都可以達到消業的目的；「世間法」上，只要一念善意，行善布施，力行「存好心，說好話，做好事」三好運動，廣結善緣，必定功果圓滿。

有一則禪宗的公案：百丈懷海禪師有一次說法圓滿，大眾都已退去，獨留一位老人在門口不退，禪師問道：前面站立的是什麼人？

老人答道：「我並不是人，我是一隻野狐，在過去古佛時，曾在此百丈山修行，後因一位學僧問到：『大修行人還落因果否？』我回答：『*不落因果！』因此一答話，讓我五百世墮於狐身，今請禪師代一轉語，希望能脫野狐之身。」百丈禪師聽後慈悲地說：「請問！」老人合掌問道：「大修行人還落因果否？」百丈禪師答道：「*不昧因果！」老人言下大悟，作禮告退。第二天百丈禪師領徒眾到後山石岩洞內，用杖挑出一隻野狐死屍，禪師囑依亡僧之禮火葬。

過去日本有一位楠正誠將軍被判冤獄時，他講了五個字：「非、理、法、權、天」，有理可以勝過無理，法律可以勝過道理，權勢又可以左右法律，但人再怎麼厲害就是沒辦法逃過「天理」的懲罰，也就是因果業報。修行人日常行、住、坐、臥，起心動念豈可不慎乎？所謂：「一日修得一日功，一日不修一日空。」各位善知識！應善護六根，「菩薩畏因，眾生畏果」，凡事都要三思而後行。

＊　＊　＊　＊　＊

阿賴耶識：為八識之一；此識為宇宙萬有之本，含藏萬有，使之存而不失，亦稱藏識。唯識學主張一切萬有皆緣起於阿賴耶識。

中陰身：指人自死亡至再次受生期間之識身。中有期間最多為七七日（四十九日）。

不落因果：意撥無因果；即否定因果之理。

不昧因果：肯定因果；深信因果為正傳之佛法，乃一種大自然之法則。

50 展讀十全人生

星雲大師於《人間福報》第一版專欄每日撰文，八年如一日，未曾中斷，光憑過人的恆心毅力，就足以讓人肅然起敬；從「迷悟之間」、「星雲法語」到「人間萬事」，可以說，篇篇經典，字字珠璣，題材世出世間，包羅萬象。其展現菩薩度眾無住，智慧無窮與慈悲無盡的精神。他用深入淺出的方式，將佛法通俗化的傳布，倒也點亮了人間的昏暗愚昧，具有「千年闇室，一燈即明」震聾發聵之效；而人間福報的清新潔淨，絕對是社會平面媒體中的一股清流。海內外，有多少讀者信眾，每日的精神食糧，是來自《人間福報》，我當然也不例外。多年來，「星雲法語」與「人間萬事」陪伴我度過每一個晨曦。

「人間萬事」題材新穎，立論中肯，且內容契合「人間佛教」的生活化與實用性，二〇〇七年十月二十一日，我在佛光會吉安第一分會帶領「三好讀書會」，就選用「人間萬事」中的「十全人生」此篇文章作為研讀的教材，只見讀書會成員們個個發言踴躍，討論過程熱絡精彩並提出自己的獨到見解及生活實例與佛法相互印證；值得一提的是，大家樂於將自己生命底層的光與熱，挖掘出來與眾交流分享。大師為「十全人生」內容試列為：一、沒有敵人。二、具備善緣。三、生怪病。四、少煩少惱。五、身心健全。六、事業成就。七、子孝孫賢。八、廣學多聞。九、生活滿足。十、平安順遂。

現在，我們逐一來討論：

一、沒有敵人：大師說，「有的人雖然沒有與人為敵，但仍難免遭人嫉妒，跟你過不去，如果自己的修養、道德能夠化敵為友，那就是有德高人了。」《八大人覺經》云：「不念舊惡，不憎惡人。」《成唯識論》：「『嫉』是『不耐他榮，妒忌為性；能障不嫉，憂慼為業。』」因此，劫功德賊，莫過瞋恚。

二、備善緣：大師說，「人生總會有一些缺陷，如能具備善緣，事事稱心如意，得心應手。」心定和尚講過一個故事：有一次明太祖朱元璋微服出巡，經過一間小廟，此時突覺口渴，很想喝茶，附近有一位農夫聞悉後，立刻遞上一杯茶，皇帝頓時暑意全消，事隔多年，適逢縣令懸缺，皇上就指定要給這位農夫，村中有一讀書人知道後便在小廟門聯上題字：「十年寒窗下，不如一杯茶。」當朱元璋再度舊地重遊，看到門聯上的對聯時，心裡明白即是針對他而來，也就回題一詞：「他才不如你，你命不如他。」此雖是小故事，但具大啟示，教人要懂得廣結善緣，才有助緣。

三、不生怪病：生、老、病、死是人生必經的過程，也是自然的現象。人縱有再多的財富，再大的權勢，仍抵不過一個「健康」重要。大師說，「人生雖然不能長保永世健康，但如果能夠不生怪病，也是很大的福氣了。」

四、少煩少惱：家財萬貫，兒孫滿堂，不一定就快樂。若能擺脫世間纏縛，不為物欲所繫，那得有「般若智慧」才行。

五、身心健全：大師說，「有的人身體很健康，但是心理上充滿憂悲苦惱；有的人心境豁達，但是身體多病。」人生就是這般無常，我們必須認清世間實相，所謂：「瓜無滾圓，人無十全。」故除了健康外，具有正知正見，才是我們最大的無形財富。

六、事業成就：一個人事業有成，有很多的因素，其中「福德因緣」是成功的重要因素之一。大師說，「假如事業一帆風順，能夠福利社會，成就大眾，自己更是善名廣被，也算不虛此生了。」說明人要懂得感恩回饋。

七、子孝孫賢：e世代，外界色心污染日盛，尤其眼耳聲色。因此，現代父母，多抱持只要孩子乖順，不學壞即可的觀念。如何能子孝孫賢？當然為人父母的身教與言教，具有指標導引作用。

八、廣學多聞：《佛光菜根譚》：「讀書，是做人明理的鑰匙；讀書，是自我心靈的探險。」這是一個知識爆炸的時代，我們若不能隨著時代演進，終身學習，勢必被時代所淘汰。然廣學多聞，還必須思惟、內化、實踐，成為自己的智慧。所謂：「以聞、思、修，入三摩地。」

九、生活滿足：夢窗國師云：「知足第一富，無病第一貴；善友第一親，涅槃第一樂。」大師說，「如果能夠少欲知足，儘管粗茶淡飯，卻能知足常樂，他就是世上最富有的人了。」就像孔子弟子顏回，「一簞食，一瓢飲，居陋巷，人不堪其憂，回也不改其樂！」「飯疏食，飲水，曲肱而枕之，樂亦在其中矣！」這就是安貧樂道，身心自在。

十、平安順遂：大師說，「人生所需要的東西很多，但是最重要的就是平安。」平安代表1，財富、美色、名位、權勢代表0；沒有1，即使後面再多的0，豈有何用？大師說，「能夠擁有平安，一切順遂，那就是最理想的人生了。」

儘管如此，試問世間到底有無「十全十美」的人生？若依佛教經論，涵指「三世因果」與「依、正報」的業力關係。《阿彌陀經》云：「不可以少善根福德因緣，得生彼國。」若想今生、來世能夠依、正報莊嚴，福德資糧具足；五戒十善是基本功，戒定慧則是不二門。今將之與「普賢菩薩十大願」相互對應，即：一、沒有敵人（禮敬諸佛）。二、子孝孫賢（稱讚如來）。三、具備善緣（廣修供養）。四、不生怪病（懺悔業障）。五、事業成就（隨喜功德）。六、廣學多聞（請轉法輪）。七、身心健全（請佛住世）。八、少煩少惱（常隨佛學）。九、生活滿足（恆順眾生）。十、平安順遂（普皆回向）。只要日常能夠確實奉行「做好事，說好話，存好心」三好運動，恆常踐履，漸漸就能擺脫世間的纏縛葛藤，而達到無得、無住、無相、無我，真、善、淨、美的境地，十全人生，不就自然現前了嗎？

51 浮生若夢

杭州西湖喜鵲寺的鳥窠禪師，本名道林，九歲出家，於陝西韜光禪師門下當侍者而悟道。後來獨自到泰望山，在一棵枝葉非常茂盛，盤屈如蓋的松樹上棲止修行，好像小鳥在樹上結巢一樣，所以時人皆稱他為鳥窠禪師。大文豪白居易非常敬仰鳥窠禪師的道行，有一次特地來請示禪師，並用詩偈問道：「特入空門問苦空，敢將禪事問禪翁；為當夢是浮生事，為復浮生是夢中？」鳥窠禪師也用詩偈回答道：「來時無跡去無蹤，去與來時事一同；何須更問浮生事，只此浮生是夢中。」人生如幻如化，短暫如朝菌，但是如果體悟到「*無生」的道理，超越「去」、「來」的限制和對待，生命就能在無盡的空間中不斷的綿延擴展，不生亦不滅。

後來，白居易在佛法中找到安身立命之處，成了在家弟子，遍訪名山高僧，晚年素食，並且捨宅為寺，定名香山寺，自號香山居士，尤醉心於念佛，時常吟詩作偈，表達他信佛有得之心境，如：「愛風巖上攀松蓋，戀月潭邊坐石稜；且共雲泉結緣境，他日當作此山僧。」詩中充滿悠閒、飄遊的意境，實是生活在禪的世界中。

蘇東坡、白居易、李叔同（弘一大師）彼等文豪才子，在詩賦作詞的領域裡，發光發亮，最後悟透了人生究竟之道，仍需放下世俗之樂，在法身慧命中，學佛參禪，得個永恆無漏的禪悅法喜。其實，生命中不只是眼、耳、鼻、舌、身、意六根緣於*六塵的感官覺受而已，仍須在人生舞台上，找到安身立命的地方，即所謂生命的源頭，作為我們終身的依歸參究課題。聽一聽明朝憨山大師的〈勸世文〉是這樣說的：「喫些虧處原無礙，退讓三分也無妨，春日纔看楊柳綠，秋風又見菊花黃。榮華終是三更夢，富貴還同九月霜，老病死生誰替得，酸甜苦辣自承當。人從巧計誇伶俐，天自從容定主張。諂曲貪瞋墜地獄，公平正直即天堂。麝因香重身先死，蠶為絲多命早亡。一劑養神平胃散，兩鍾和氣二陳湯。悲歡離合朝朝鬧，富貴窮通日日忙。生前枉費心千萬，死後空持手一雙，悲歡離合朝朝鬧，富貴窮通日日忙。

休得爭強來鬥勝，百年渾是戲文場，頃刻一聲鑼鼓歇，不知何處是家鄉。」

世間，原來是浮生若夢啊！不知你有什麼感悟？

* * * * *

無生：謂諸法之實相無生滅。然凡夫迷此無生之理，起生滅之煩惱，故流轉生死。

六塵：指色、聲、香、味、觸、法等六境。此六塵在心之外，又稱外塵。又六塵猶如盜賊，能劫奪一切之善法，故稱六賊。

52 破布裹真珠

唐朝宰相裴休有一次到大安寺，請示大安的寺僧道：「佛陀的十大弟子，各有第一，請問羅侯羅以何為第一？」寺僧大眾認為這麼簡單的佛教常識，所以就異口同聲的回答道：「以*密行為第一。」裴休對大家的回答並不滿意，隨口問道：「此處有禪師嗎？」碰巧龍牙居遁禪師正在後園種菜，寺僧請他出來，寺僧請他出來，裴休以同樣的問題問道：「羅睺羅以何為第一？」龍牙禪師毫不猶豫地說道：「不知道！」裴休聽後，大喜，隨即禮拜並讚歎道：「破布裹真珠。」

佛陀十大弟子中的羅睺羅是密行第一，眾所皆知。既是密行怎能言說？依禪門教法，若有語言文字，都還落入相上打轉；能夠離言絕相，無言無說，才是真正的禪和子了。但有些人，依樣畫葫蘆，東施效顰，乃不免失其真義。修學佛道，那是要真正通達*證悟解悟，實證實修境界，由心性自內證所內化出來的東西。如果未證謂已證，則是犯了「大妄語」。像龍牙禪師一句「不知道」，是累積多年的修持，已涵容了多少佛法的精髓，滲在其中，確非一般凡夫俗子所能探究臆測的。

再分享同樣人物的公案，各位就能了解箇中滋味：

唐朝的裴休宰相是一位很虔誠的佛教徒，他的兒子裴文德，年紀輕輕就中了狀元，皇帝封他為翰林，但是裴休不希望兒子這麼早就飛黃騰達，少年得志。因此就把他送到寺院裡修行參學，並且要他先從行單（苦工）上的水頭和火頭做起。這位少年得意的翰林學士，天天在寺院裡挑水砍柴，弄得身心疲累，而又煩惱重重，心裡就不停地嘀咕，不時地怨恨父親把他送到這種深山古寺裡來做牛做馬，但因父命難違，強自隱忍，像這樣心不甘情不願地做了一段時間之後，終於忍耐不住，滿懷怨恨地發牢騷道：「翰林擔水汗淋腰，和尚吃了怎能消？」寺裡的住持無德禪師剛巧聽到，微微一笑，也念了兩句偈回答道：「老僧一炷香，能消萬劫糧。」

裴文德嚇了一跳，從此收束身心，苦勞作役。

菩薩的眼裡因有眾生，所以甘做眾生馬牛；名為「覺有情」，菩薩度眾不起厭疲之心，誠如《華嚴經》云：「但願眾生得離苦，不為自己求安樂。」之大悲心也！

＊　＊　＊　＊

密行：即微細護持戒行。亦即三千威儀，八萬細行等悉能持守無缺。一如羅睺羅即以持戒堅固而為佛弟子中，密行第一。

證悟解悟：由實踐而體得真理者，稱為證悟，又稱悟入；由理解真理而得知者，稱為解悟，又稱開悟。

53 參加戒會有感

雖然真正學佛不過是三年光景，但只要是因緣具足，我都儘量撥冗參加佛光山所舉辦之各項戒會及短期出家，除給自己修行考驗向上提升外，更藉以培養般若心性、契入慈悲願力，儲存弘法利生的資糧；期於叢林中學習出家法師圓融智慧與細行威儀，這是我珍惜每一次因緣的重要考量之一。

佛光山貼心為社會大眾設想為期兩天的戒會，圓滿了多數人長期以來乞受戒法的心願，因此吸引了六千多人的報名，最後礙於場地、食宿等限制因素，只能收受四千六百人的受戒，由此觀之，台灣佛法興盛；僧俗二眾紹隆佛種，續佛慧命之心，實令人欣慰與感動。在二〇〇〇年世紀末的交替中，我何其有幸能躬逢其盛，竟是這四千六百人的其中一位，我以誠摯懇切，恭敬歡喜的心去受持菩薩戒，希望藉此開啟更上層樓的道心，勇猛精進；仰效聖賢大德的德行，發菩提心，行菩薩道。此次受戒，讓我收穫良多，也可以說法喜充滿，真是入寶山而未空手回。尤其佛光山住持心定和尚代表大師在戒會期間，每場佛事都全程親臨主持、開示、講戒與戒子接心，其用心之處，著實讓新戒弟子深深感動，這種長者風範、廣度眾生及大開方便法門之門風，在現今五濁惡世裡，激揚出一股清流法雨，普潤群生，無不那般甘甜、自然與清涼。

記得九日晚上十點半左右，在點戒燃身供佛之際，仰望天際，在大雄寶殿的正上空，那一輪高掛的明月，其四周居然出現不可思議的彩虹月暈，雙圈七彩相映，非常自然莊嚴，使我們受戒弟子更增添一股信力，恰似諸佛菩薩，龍天護法的讚歎歡喜，而感召的瑞相顯現。又於翌日早晨菩薩戒正授，在最後念佛回向時，天上竟也降下了甘露法水，歷時一兩分鐘，就只有大雄寶殿上空這一區塊，真叫人嘖嘖稱奇，這是我此次參加戒會留下最深刻的印象，也見證了法會的莊嚴殊勝。然而初發心容易，恆常心難，默默告訴自己，往後在學佛的路上，更要精進、發心、持戒、行善而不退失道心，時時刻刻觀照自己身、口、意三業戒體的清淨，奉行慈悲，利益眾生，珍惜當下學佛的每一因緣，使不失白走人生一遭。最後要感謝佛光山常住給我們這次受戒的因緣，以及山上引禮法師、大寮香積、行堂典座等諸眾緣的成就與生活關照所付出的辛勞，銘感肺腑。更感謝我同修的成就美事。我願意將此次受戒的功德回向給法界一切有情，都能離苦得樂，同登淨域。

54 素食

中國人是世界上最講究「吃」的民族之一，有人說，在台灣一年要吃掉一條高速公路，其實這句話並不誇張。世界上各個民族，因時、因地、因文化、因環境的不同，在吃的文化及方式上，有千差萬別。舉凡天上飛的、地上爬的、海中游的，無一不成為桌上佳餚。東方人用筷子，歐美人用刀叉，非洲、印度人用手抓，千奇百怪，不一而足。這印證了自古以來，「民以食為天」這句顛撲不破的道理，民生問題才是人民生活最基本的需求。

但要如何吃才算健康？才屬適度？有些人三餐沒有魚肉，就食不下嚥；有些人離開山珍海味，就沒有胃口；有些人沒有蔬菜，就食不知味，林林總總，因人而異。重點在，要定時定量，要選擇健康食物，要吃得均衡營養，總之吃的不能馬虎，譬如人體維他命、水份補充的重要性；不該吃的零食，也要有節制的功夫。其實「吃」很簡單，說穿了不過是那喉間三寸的舌根罷了，只在長養這有漏的色身。吃葷、吃素完全是看個人的因緣，不能半點的勉強；即使吃素，每一個人吃素的因緣又有不同：有些人因注重「健康」而吃素；有些人因「發願、還願」而吃素；有些人因「宗教信仰」而吃素；更有些人因「天生自然」在娘胎裡就成就素食者。無論你因何種因素素食？正確認知是，吃素是因緣、是福報、是慈悲的、是有益健康的。我個人在二〇〇〇年時回佛光山乞受「菩薩戒」後就吃素迄今，佛教素食的理由最重要是菩薩不斷「大悲種」的悲心流露，是不食眾生肉的一種慈悲展現，因為眾生生命平等，佛性等具，也是對地球環保概念的實踐與愛護。其實，素食觀念，在國外早已悄悄蔚為風氣，現在很多外國人士都逐漸接受素食，進一步提倡素食觀念。根據專家研究指出，「素食」對於心血管患者，確有改善及降低血脂肪、膽固醇指數的現象，所以，「素食」證實是有益健康的。只是素食者，普遍缺乏維生素B群，要懂得在其他食物中攝取補充。「素食」若以「慈悲」為出發點來探討，生命無大小及貴賤之分，佛教提倡「眾生平等」之說，

「八正道」裡有一項是「正命」，就是教我們要從事正當的職業，遠離殺生的行業。凡任何具有心意識作用的生命，包括蠢動含靈，蚊蟲螞蟻，我們都得尊重，因為佛陀說：「眾生皆有佛性」，另以「業力果報」觀點，我們六道眾生，無始劫以來，業識流轉於生死大海之中，生生死死，死死生生，或許其中一世，曾是我們的兄弟姐妹、父母姨伯？所謂：「六道輪迴苦，孫子娶祖母，牛羊席上坐，六親鍋內煮。」「千百年來碗裡羹，冤深如海恨難平，欲知世上刀兵劫，但聽屠門夜半聲。」這就印證了佛教的「輪迴」之說。

千百年來，無論帝王將相，販夫小民，均為照顧這五臟廟而大費周章。能吃一頓素是一種功德。吃素的目的，除了健康因素考量外，主要還是在長養我們的慈悲心。其實「吃」是一個人的習慣問題，剛開始吃素你或許不習慣，但久而久之，你就不會奢求其他大魚大肉的美味了。平常交際應酬不見得要珍饈佳餚，有時菜根香更能呈現原味。就如同朋友相聚，餐桌上不見得把酒言歡，才能談出友誼，談成生意；以茶代酒也滿有誠意、健康的，不是嗎？黃山谷說：「我肉眾生肉，名殊體不殊，原同一種性，祇是別形軀；苦惱從他受，甘肥為我須，莫教閻老斷，自揣應何如。」若拿一塊肉和一把蔬菜來實驗，同時在太陽底下擺放三天三夜，看哪一樣先腐臭就知道？可想而知，動物在被宰殺的當下，那種驚恐哀號，以生命平等之見，我們於心何忍美味上桌？為了健康著想，銀髮族的飲食，更要以清淡為主。嚴格說，降伏口腹之欲，也是一種修行，佛法上，用「不淨觀」可以對治貪欲。

星雲大師早年在棲霞山時，有一年生病，身上長滿膿瘡，病床上大師收到師父志開上人差人送來的半碗鹹菜，他懷著感恩的心吃完鹹菜，同時心中發願，要做好一個出家人來回報師父之恩，並發願以後凡信眾來寺，最重要的是要讓大家填飽肚子再走，這兩個誓願，大師都做到了。以台灣為例，只要是佛光山派下的寺院道場，來訪信眾，凡遇用餐時間，不分身分，住持師父總會熱情招呼，讓訪客有賓至如歸的感覺，這就是徒眾一以貫之，實踐大師的慈心悲願所致。

素食的益處很多，茲列舉五點以供參考：

一、吃素可以延齡益壽，長養慈悲。
二、吃素可以穩定性情，降低血脂。
三、吃素可以增長智慧，理路清晰。
四、吃素可以減少共業，招感善緣。
五、吃素可以兼顧環保，節能減碳。

我們仔細觀察，動物中，牛、馬、羊、駱駝、大象都是素食者，牠們多健壯耐勞，溫和善良；老虎、獅子雖瞬間勇猛，但多後繼乏力，脾氣暴躁。總歸一句，吃素、吃葷都是個人因緣，即使因緣不具足，佛法裡面也有融通的方便「三淨肉」，意即不聞其殺、不見他殺、不為我而殺；關於這一點，星雲大師用廣義的慈悲開示，他說只要自己沒有殺生之心，一切都隨順因緣吧！

55 常隨佛學

「常隨佛學」，是普賢十大願王裡的其中一願，主在勸勉吾人修學佛道須常親近善知識，參訪明師，期與祖師大德的懿範德行及正法真理相應。佛法除理論務求通達之外，重在日常的修證及行持，否則千經萬論，易流於空談。就世間法而言，即能熏習正確的知見及從事有益身、心、靈健康，開演慈悲與智慧的饒益眾生活動。天台智者大師說：「善知識有三：『一者、外護善知識，經營供養，善能將護行人，不相惱亂；二者、同行善知識，共修一道，互相勸發，不相擾亂；三者、教授善知識，以內外方便禪定法門*示教利喜。』」世間學問，有無盡無邊的知識，所謂：「學海無涯」；佛法上，方便說有八萬四千法門，卻可以對治吾人八萬四千種煩惱；《華嚴經》講述的「善財童子」五十三參，就是藉由雲水參訪善知識而開啟無上智慧，點撥心要，成就「自受用」的最佳見證。也就是要有「虛心請教」「廣修善法」的精進和信念，始能圓滿菩提道果。

「善知識」從廣義解釋：包涵親近出家法師、深入經藏、聽經聞法、親炙德行之士及有修有證之人、披閱勵志善書、歷代高僧傳等等，只要能長養善根，解脫纏縛，出離煩惱之人事或言語皆屬之；晝夜六時，身心持於正念、正思惟、正精進之中，也是「常隨佛學」的一種密行修持功夫。佛教有多種拜懺儀軌，其中又以《梁皇寶懺》法會最為殊勝，可謂「懺中之王」，其懺悔之力不可思議；從梁武帝為皇后郗氏啟建懺儀，虔誠禮懺而脫離蟒身之事相，可以得到印證。八月一日適逢佛光山月光寺啟建梁皇法會諷誦《梁皇寶懺》，我以至誠、恭敬、感恩、懺悔的心隨喜參加，希望洗滌無始劫以來，身、口、意三業所造諸惡業因，淨盡無餘，進而發菩提心，行菩薩道。誠如經上所說：「轉苦緣而成樂具，灑熱惱而作清涼。」「唯願大眾，各堅其志，莫以年命，待時漏盡。勿令空去，後悔無益。相與今日，值遇好時，不應日夜，煩惱覆心，宜當努力，發菩提心。菩提心者，即是佛心。功德智慧，不可格量。」千載一時，一時千載，末法眾生，於五濁惡世，障深福薄，惟仰諸佛菩薩慈悲威德，除滅罪障，所以要把握每一次修持的因緣，精進不退。

佛陀時代，般特比丘在佛陀座下修行多年，因為天性遲鈍，闇愚不靈，佛陀曾派五百個證得*阿羅漢果位的比丘天天教導他，經過了三年，竟然連一首偈語也記不住。佛陀非常地憐憫他，把他叫到跟前，親自教他一首偈語：「守口攝意，身莫犯非，如是行者，得度世時。」般特對佛陀的慈悲感激涕零，霎時豁然開悟，這首偈語便念得朗朗上口。佛陀告訴他說：「你年紀那麼大了，才會背一首偈子，別人早就耳熟能詳，你不能以此為滿足；眾生出入三界六道，彷佛車子一樣不停地輪轉，上升天界是由於不犯十惡業，下墮地獄是由於犯了十惡業，如果能把十惡業淨化為十善業，就能成就佛道。」佛陀耐心慈和地為他解說身、口、意所造的善與不善行為，以及一切無量微妙法義。般特比丘突然悟道，當下證得阿羅漢果。

佛陀告訴大家：學道不必貪多，能夠徹底實行最為重要。般特雖然只了解一句偈的要義，但他能深契佛法的奧妙法義，一心直入，身、口、意三業清淨無染；世人雖然學得多，意識作意，不求甚解，於道又有何益呢？於是佛陀又說了一首偈語：「雖誦千章，句義不正，不如一要，聞可滅惡。雖誦千言，不義何益？不如一義，聞行可度。雖多誦經，不解何益？解一法句，行可得道。」因此日常修行，無論誦經念佛，禪坐禮拜，重在攝心，降伏妄念。

四弘誓願「法門無量誓願學」，縱然佛法八萬四千法門，用恭敬心，不輕慢一法，所謂：「佛佛道同，祖祖心印」，無有高下，沒有分別。《金剛經》云：「若人滿三千大千世界七寶以用布施，不如受持四句偈等為他人說，此福德勝前福德。」又云：「是法平等，無有高下，是名阿耨多羅三藐三菩提。」所以學佛首要在心地下工夫，契入義趣，才能與佛接心，感應道交。比神通，示禪相，現玄蹟，那都只是事相的表法與方便。我們不必住著，耽溺，為相所轉。再云：「如我解佛所說義，無有定法，名阿耨多羅三藐三菩提。亦無有定法，如來可說，何以故？如來所說法皆不可取，不可說，非法非非法，所以者何？一切賢聖，皆以無為法而有差別。」由此可見，法無定法，當你達到清淨無為時，世間萬象，不過是遊戲神通，權巧方便罷了！宋朝張無盡：「趙州八十猶行腳，只為心頭未悄然；及至歸來無一事，始知空費草鞋錢。」即便你已經修到小乘的極果無學位了，仍然未究竟圓滿；如同趙州禪師，為探究生命本源的疑處，當你悉了時，原來是那麼的稀鬆平常，就在行住坐臥之中，自家寶藏，方寸之間，何嘗失去？

＊　＊　＊　＊

示教利喜：為佛陀說法教化之四種次第。示即顯示其義；教即教導其行；利即獲得義利法味；喜即歡喜行成。

阿羅漢果：譯作應供、無學。謂以斷盡色界、無色界之一切見、思惑，而永入涅槃，不再有生死流轉之階位。並超出三界，四智已圓融無礙，無法可學，又稱無學。

56 得失之間

一般人，常常為了得與失之間，不能兩全，搞得心神不寧，懊惱萬分，然而「得與失」之間，不過是一線之隔，有得必有失，兩者是沒有絕對的標準與平衡；有時候，往往機關算盡，也不見得就占便宜，只能說：「兩權相害，取其輕。」得與失，好與壞，究要如何看待？其實，沒什麼訣竅，不過是「轉念」而已；以平常心視之，反而比較釋懷，畢竟「塞翁失馬，焉知非福」也。

譬如，在社會上，我們為了應徵一個工作或占缺，同儕間，彼此爾虞我詐，總將對方設定成「假想敵」，自私地想望自己能被錄取或高升。其實，即使得到了，不見得就好，失去的也未必不好，一切隨緣，只要盡力，就不會有遺憾。如是想：也許下一個工作機會更棒。

有一位老太太，每天掛念著兩個出嫁女兒的生活而愁眉不展，大女兒嫁給賣雨傘的夫家，小女兒嫁給賣米粉的老闆。天晴時，她憂心大女兒雨傘賣不出去，雨天時，她又擔心小女兒的米粉沒太陽曬而發霉；後來她遇到了一位出家人，為她點撥開示說：「天晴天雨我們雖無法改變，卻可以主宰我們的心情，世間事物的好壞僅在一念之間，煩惱和菩提也是一體的兩面。以後妳看到出太陽，妳就為小女兒歡喜，如果下雨，妳就替大女兒高興，這樣妳就不會再煩惱哭泣了。」

過去，有一國王，喜好打獵，一日不慎斲傷手指，必須截指以保性命。國王甚為懊惱，宰輔大臣勸他：「凡事要往好處想。」國王不悅，將大臣打入死牢，等候秋決，並且揚言：「你命在旦夕看你凡事如何往好處想！」翌日，國王又挑選另外一位身材魁梧的將軍保護他，再度策馬狩獵，正喜斬獲甚多，卻誤闖食人國境，君臣二人被當成犧牲供品，要活祭食人國的神祇。在千鈞一髮之際，食人族的酋長突然發現國王少了一根指頭，以為不祥，遂將他釋放。國王驀然憶起宰相的話：「凡事要往好處想。」轉念一想：今天自己因為少了一指而救回一命。禍兮福之所倚，國王滿懷愧疚將大臣赦放，宰相卻輕描淡寫地說：「凡事要往好處想，感謝大王將我關在牢裡，否則今天當活祭品的人就是我了！」

其實，好與壞，得與失，端視每個人的價值觀與福德因緣而定。俗話說：「留得青山在，不怕沒柴燒。」因此，凡事不必執著、爭勝，若懂得回頭轉身，留個轉圜空間，將會「事緩則圓」，最後就能讓你「所求如願」。人生如潮汐，有起就有落，有上台當然就有下台的時候，彷彿日升日沒般的自然；重點在於，當順境時，我們要能珍惜、造福、謙卑、守成，活在當下；遇困境時，不妨轉個念頭，往好處想，則海闊天空；只要抱持「得之我幸，失之我命」之平常心，隨緣自在，想當然爾。進一步觀，一切事相皆是緣起緣滅，本自空寂；如此觀照，日常行、住、坐、臥之間，你就能無住無滯，無著無礙了。

57 梅子熟了

「破迷開悟」「斷惑證真」，是一般學佛行者，內性修行證量的顯現；好比「梅子」，試想，若梅子未熟，是不是青澀無比呀！且人我對待纏縛猶深；一旦梅子熟了，代表層次已向上提升，對於思惟理則，生命意義，智慧將更為圓熟篤定；此時，看山還是山，看水還是水，已無分別疑惑，一切平等，智慧妙用，自然現前，全在心性方寸之間。六祖惠能大師說：「菩提自性，本自清淨；但用此心，直了成佛。」

耽源禪師有一次提著籃子要往方丈室去的時候，路途中，慧忠國師就叫住他問道：「你盛那麼多的青梅子做什麼用？」耽源：「供養諸佛菩薩用的。」慧忠：「那麼青的梅子，尚未長熟，吃的時候又酸又澀，怎能供養呢？」耽源：「所謂供養者，用以表示誠意耳。」慧忠：「諸佛菩薩是不接受如此酸澀的誠意，我看，你還是供養你自己吧！」耽源：「我現在就已在供養，心、佛、眾生三無差別，何必那麼計較？國師你呢？」慧忠：「我不如此供養，我非常認真計較，我要等梅子熟了才肯供養！」耽源：「國師的梅子什麼時候才熟呢？」慧忠：「其實我的梅子早就熟了。」耽源：「既然早就熟了，國師為什麼不供養？」慧忠：「因我喜愛梅子，留著它，不隨便給人。」耽源：「國師何必這麼慳貪？好的東西，如果有慈悲心的人，願意與人分享。」慧忠：「我不知道什麼才是好東西？」耽源：「就是青梅子。」慧忠：「如果好的東西是青梅子，更應該要好好珍惜它，不能隨便給人。」耽源：「說不過你，你太吝嗇了。」慧忠：「吝嗇的應該是你，可不是我呀！」耽源無語而應。慧忠：「青梅子還是留著自己用，不能隨便給人，那才是慈悲呀！」耽源於言下大悟。

梅子，相上，指的是世間一種水果，性上，則代表人人本具的佛性；梅子熟了，表示已找到自我本來面目，如來藏性。其實，「菩提」

人人有之，只緣心迷；所謂「佛」，不就是已悟的眾生，而「眾生」便是未悟的佛。當境界現前時，在於當下你如何善用般若智慧去面對及處理？轉煩惱為菩提，佛說：「若能轉物，則同如來。」這是「轉」的力量。淨宗初祖慧遠大師說：「是心是佛，是心作佛。三世諸佛，證此心佛。六道眾生，本來是佛。」六祖惠能：「一切般若智，皆從自性而生，不從外入，莫錯用意！」茶陵郁禪師：「我有明珠一顆，久被塵勞關鎖；今朝塵盡光生，照破山河萬朵。」也許你我現在還是一顆青澀梅子，一時被「五欲六塵」給蒙蔽了，需要因緣、時間的醞釀及耕耘灌溉，等待時節成熟，弘化一方，供養大眾，就像六祖惠能大師一樣，沉潛隱遁獵人隊十五年。相信，只要好好善用本心，即便多生累劫，總有一天，梅子熟了！

58 禪

佛陀當初在靈山會上，手持一花，在座的弟子都不知道什麼意思，唯有大迦葉尊者站起來，微微一笑，與佛陀心靈相會。所以，佛陀說：「吾有*正法眼藏，涅槃妙心，*實相無相，微妙法門，不立文字，*教外別傳，付囑摩訶迦葉。」從此佛陀把法衣付囑大迦葉尊者，直到後來的二十八祖達摩祖師到中國來，二祖慧可、三祖僧璨、四祖道信、五祖弘忍、六祖惠能，一花開五葉（臨濟宗、曹洞宗、雲門宗、法眼宗、溈仰宗）。以致後來衍增黃龍、楊岐兩派，佛教禪宗，五家七宗，輝煌盛世，焉然成形。

六祖惠能大師說：「菩提自性，本來清淨，但用此心，直了成佛。」又說：「菩提本無樹，明鏡亦非臺，本來無一物，何處惹塵埃。」禪的意境是什麼？是言語道斷、一念不生，是意會念淨、直探本心，是離相絕非、徹底放下，也就是父母未生前的本來面目，如實照見，在聖不增，在凡不減。宋朝翰林學士蘇東坡，以參禪前、參禪時、參禪後作三偈語表明悟道的三個層次：參禪前：「橫看成嶺側成峰，遠近高低各不同；不識廬山真面目，只緣身在此山中。」此時初學佛，仍有分別、執著之心，我、法二執未空，屬事相之有漏。參禪時：「廬山煙雨浙江潮，未到千般恨不消；及至歸來無一物，廬山煙雨浙江潮。」此時已能悟一切法無我、無相，緣起性空之本性，無生滅、增減、來去，更無一法可得，至轉識成智。參禪後：「溪聲便是廣長舌，山色豈非清淨身；夜來八萬四千偈，他日如何舉似人？」體會萬法既是性空無相，本自如如，就能通達理事無礙、事事無礙，直截菩提增上，廣度有情，顯現菩薩悲智雙運的精神。此三種悟境世間轉語分別是：「見山是山，見水是水。」「見山不是山，見水不是水。」「見山還是山，見水還是水。」

六祖惠能說：「道由心悟，豈在坐也。」悟是解，修屬證，禪者由悟起修，由修而證。對自己的心念，要能了了分明，清淨圓明，不假造作。「毗盧七支坐法」為坐禪調身之最佳方法；從調身、調息到調心。有源律師問大珠慧海禪師：「和尚修道，如何用功？」大珠和尚答道：「饑來即食，睏來則眠！」「一般人總是如此呀！不曉得和尚有何不同？」和尚答道：「他人吃飯時，不肯老實吃飯，百種思索；睡覺時，不知安心睡覺，千般計較，所以不同呀！」星雲大師說：「行、住、坐、臥，搬柴運水、揚眉瞬目，無處不是禪；禪是直下承擔。」生活中注入了禪，即是「平常一樣窗前月，才有梅花便不同」的況味；禪要融入生活中，生活中如果有了禪機，等於畫畫中添加了色彩，食物中有了調味，增加了禪的意境與活潑。

唐順宗曾問佛光如滿禪師：「佛從何方來？滅向何方去？既言常住世，佛今在何處？」依此公案思惟，「禪」還是須要智慧堆砌，內化證量，若能參透、見性，達於無相無為的境界，就是澈見自己真如法性的本來面目了。當年，文殊師利菩薩奉命率眾前往維摩詰居士處問疾，其中關於菩薩如何入不二法門之對答，維摩詰居士之智德兼備，了達諸法實相，演暢辯才無礙之大智慧，最後示眾「默然以對」，真是妙不可言，令人拍案叫絕，這種「無示無識」的真理與境界，可說是「無言顯道」的最高禪境。文殊師利歎曰：「善哉！善哉！乃至無有文字語言，是真入不二法門。」即所謂：「言語道斷，心行處滅」。紫柏大師說：「若不究心，坐禪徒增業苦；如能護念，罵佛猶益真修。」若回到今天，我們再談參禪，不要說達到「明心見性」？最起碼的，面對境界，若能降伏妄心，八風吹不動，「禪」的箇中滋味必然也有了一點消息。

＊　＊　＊　＊

正法眼藏：指禪宗嫡佛嫡祖於教外相傳之印心。即依澈見真理之智慧眼（正法眼），透見萬德秘藏之法（藏），亦即佛內心之悟境；禪宗視為最深奧義之菩提，係由釋尊輾轉傳至達摩，以心傳心而由師父之心傳至弟子之心。

實相無相：引申指一切萬法真實不虛之體相，或不變之真如法性。以世俗認識之一切現象均為假相，唯有擺脫世俗認識才能顯示諸法常住不變之真實相狀，故稱實相無相。

教外別傳：不依文字、語言，直悟佛陀所悟之境界，稱之。

59 謙卑低頭

傳說日本有一座古寺院，進門的門楣做得特別低，有意讓來訪者懂得謙卑低頭，學習放下身段，縮小自我。一個人若聲望名譽登上高峰時，往往很容易迷失自己，戀棧於權力、掌聲之中，這就是佛法所說的，六根耽溺於六塵所產生的貪求，殊不知這都是表象幻化的影現。《圓覺經》云：「*知幻即離，離幻即覺」；《金剛經》也云：「凡所有相，皆是虛妄，若見諸相非相，即見如來。」強調行人，若執著幻相，即生大我慢；以般若智慧觀照，徹悟第一義諦，即能妙心大用。

自古至今，有很多成就大事業的人，無不以利益眾生為先；除了個人攀上事業的巔峰外，也有對人類、地球，付出無比的智慧貢獻，我們都予以讚歎、肯定！其實，一個有成就的人，反而虛懷若谷，俗話說：「謙受益，滿招損。」如同成熟飽滿的稻穗一樣，頭垂得特別的低，表示已經歷過人生大風大浪的試煉，是一種圓融智慧的顯現。《心經》有云：「無智亦無得，以無所得故，菩提薩埵，依般若波羅蜜多故，心無罣礙……。」這是我空、法空，空義的最高境界。星雲大師說：「凡事都是眾緣和合，集體創作而成，將『光榮歸於佛陀，成就歸於大眾；利益歸於常住，功德歸於檀那。』」大師一生提倡老二哲學，他認為，凡事不一定非我不可，能退居第二，不與人爭，海闊天空，無限寬廣。古德云：「手把青秧插滿田，低頭便見水中天，六根清淨方為道，退步原來是向前。」又云：「以銅為鏡，可以整衣冠；以人為鏡，可以正言行；以歷史為鏡，可以知興替。」我們看看過去祖師大德的言行及佛陀示現的「食時、著衣、持鉢、次第乞食、洗足、敷座。」而日行六度。佛陀說：「我也是眾僧中的一個」；百丈禪師的「一日不作，一日不食。」及弘一大師的粗茶淡飯、三年不換的舊毛巾等等，無不是展現平凡、平實、平淡、平常、平等之五平至心，給世人學習的榜樣。反觀，有些人「滿瓶不動，半瓶搖」，我們若能把萬事萬物的一切，悟到「緣起無自性，一切法無我」的真理，就不會將自己束縛於生滅法的對待裡，而動彈不得。

張先生和李先生是好朋友，張先生的家常常吵架，李先生的家卻從來不吵，老張就向老李請教：「奇怪！老李，你們家怎麼能夠不吵架呢？」老李回答：「你們家所以會吵架，是因為你們家都是好人；我們家所以不吵架，因為我們家都是壞人。」「為什麼呢？」「因為你們都認為自己對，所以你家整天時有擦槍走火的場面，而我們家都認為自己錯，所以我家聞不到半點火藥味。」「舉個例子，一個茶杯擺在桌上，有人把茶杯碰倒了，碰倒杯子的人，不認為是自己粗手粗腳，反而生氣地喊著，誰把茶杯放在那裡？這時放茶杯的人，一定生氣地反駁，打破茶杯的人不負責任，強詞奪理，於是彼此交相責罵，吵鬧不休。同樣的事，如果發生在我家裡，打破茶杯的人會馬上說對不起，並且趕緊準備處理善後。放茶杯的人，也會不好意思的說抱歉，不應該把茶杯放在此處。於是一個拿抹布，一個拿掃把，共同合作，把桌面清理乾淨」。「老張呀！這就是你家吵架，而我家不吵架的原因啊！」

人與人相處，如果能夠易地設想，謙虛低下，便能贏得之間的友誼。《法華經》云：「*如來衣者，柔和忍辱心是。」若能常保身段柔軟，口出妙香，不失為現今社會，增進人我相處的潤滑劑；而忍辱也是和諧、保命的無上妙方！

＊　＊　＊　＊

知幻即離：諸法皆由因緣假和合而生，空無實性；既是幻化，即應覺悟抽離。

如來衣者：圓教（佛自內證之教，化法四教之一）以《法華經》所謂之如來莊嚴為圓聖行；如來室為圓梵行；如來座為圓天行；如來衣有二種，其中之柔和為圓嬰兒行，忍辱為圓病行，稱為一心五行。

60 懺悔

「懺悔」就是對於自己身、口、意三業所造作的戒律的過失，自內心深處發露的一種悔改，甚至在佛菩薩面前啟告誓言，決不再犯，以達到真正懺悔的目的。「懺悔」也是佛教重要修持法門之一，它可分為「*作法懺、*取相懺、*無生懺」等三種，南山律宗主張理懺、事懺、律懺三種懺法，理懺是觀照罪性本空，與實相相應；事懺則在佛像前發露懺悔，懺悔中如果能夠達到身心一如，五體投地，至誠懇切，懺悔的功德即能如實攝受。台灣的佛教，為肆應眾生所需，一般道場經常啟建的懺儀法會概有梁皇寶懺、慈悲三昧水懺、大悲懺、藥師懺、地藏懺、淨土懺等等，可以為亡者、為冤親債主、為家人或為自己等，藉由佛菩薩的加持力及威德力，消災解厄。這是廣義的慈悲與方便。

經云：「罪業本空由心造，心若滅時罪亦亡，心亡罪滅兩俱空，是則名為真懺悔。」其實，以唯識空義的思想理論而言，萬事萬物都是自心所影現的東西，若你已通達了空性及無相，自性上清淨即無所謂的造作，沒有生滅與對待，哪來的罪業呢？這才是屬於真正的無相懺悔。即是因緣所生法：「此有故彼有，此無故彼無，此生故彼生，此滅故彼滅。」的真理，等於說，戒無持、犯，那有過失，是為最高境界的持戒功夫。

悟達知玄禪師還是雲水僧時，有一天途經京城，遇到一位西域僧身染惡疾，無人理睬，於是就耐心地為他敷藥擦洗，並悉心照顧他的疾病。病僧癒後，就對悟達禪師說：「將來如果有什麼災難，你可以到西蜀彭州九隴山間兩棵松樹下來找我！」多年後，悟達禪師的法緣日盛，唐懿宗非常欣賞其德風，備極禮遇，特尊他為國師，並欽賜檀香法座，禪師亦自覺尊榮。有一天，禪師膝上忽然長一個人面瘡，眉目口齒皆與常人無異。國師遍攬群醫，都無法醫治，正在束手無策時，忽憶起昔日西域僧的話，於是就依約來到九隴山，並道明來意，西域僧怡然地指著松旁的溪水道：「不用擔心，用這清泉可以去除你的病苦。」*悟達國師正要掬水洗滌瘡口的時候，人面瘡竟然開口說道：「慢著！你知道為什麼你膝上會長這個瘡嗎？西漢史書上袁盎殺晁錯的事你知道嗎？你就是袁盎來轉世，而我就是當年被你屈斬的晁錯，十世以來，輪迴流轉，我一直在找機會報仇，可是你卻十世為僧，清淨戒行，故苦無機會可以下手。直到最近你因為集朝野禮敬於一身，起了貢高我慢之心，有失道行，因此我才能附著你身。現在蒙迦諾迦尊者慈悲，以三昧法水洗我累世罪業，從今以後不再與你冤冤相纏。」悟達國師聽後，不覺汗如雨下連忙俯身捧起清水洗滌，突然一陣劇痛，悶絕過去，甦醒時，膝上的人面瘡亦已不見，眼前也沒什麼西域僧。後悟達國師作「水懺」，流行於世。

聽完這則公案，你是否有所體悟？佛門有一句話說：「隨緣消舊業，莫再造新殃。」我們的身、口、意，起心動念所造作的善惡業，均如實的含藏於*八識田中，無論今生來世，遇緣起現行。三世業報，可不慎哉？

＊　＊　＊　＊　＊

作法懺：謂身禮拜、口稱唱、意思惟，三業依法披陳罪過，求哀懺悔。

取相懺：謂定心運想，於道場中，或見佛來摩頂，或見光明，或夢見諸瑞相，隨獲一種，罪即消滅。

無生懺：一切罪業皆從一念不了心性所生，若了心性本空，罪福無相，則一切法悉皆空寂，罪亦消滅。

悟達國師：唐代僧。因懿宗之禮遇，師名利心起，招損其德，冤業乃乘機而入，於其膝上生人面瘡，眉目口齒俱備，每以飲食餵之，則開口吞啖，與人無異，雖遍召名醫而無效。後蒙迦諾迦尊者之助，以三昧法水洗瘡，瘡乃癒。師為啟後人懺悔之門，而作懺文三卷。

八識田中：八識，為瑜伽行派與法相宗五位法中之心法。即眼、耳、鼻、舌、身、意、末那、阿賴耶，共八識。阿賴耶識為無覆無記性，以微細之行相緣自所變之器界、種子及有根身。

61 短期出家

出家，對我而言，是多麼不可思議且非常遙遠的事，回想起，二○○一年那一年暑假，正當青年朋友計畫暑期的去處時，我卻另類選擇了叢林不同的生活體驗「短期出家修道會」，用七天的時間精進修道，或許可以暫時忘掉世俗的紛擾，沉澱心靈，藉此滌盡內心染著紅塵已久的塵垢，全新面對不同的人生體驗，充電後再出發。

七月十四日早上，我提著一只行囊，獨自踽踽行於佛光山山門的石階往叢林學院男眾部報到處踱去，回頭一望門聯上寫著：「聞一聲汝今何處去，請三思何日君再來。」橫批是：「回頭是岸」！對聯警語，讓我有很大的啟示。這一段斜坡路上，不長不短，這時候沒有人來人往的喧譁，偶有一兩聲清脆的蟲鳴鳥叫陪我走過，我默默告訴自己，放下萬緣，以一顆至誠清淨的心，踏入山門，用心體悟出家人的僧團生活。其實，人的一生，並不是每個人都有如此殊勝的因緣，可以如此貼近地與自己的靈山佛性對話，因此，能夠出家受沙彌戒，是福報，也是因緣，我格外地珍惜。這一期參加短期出家戒會的戒子約有二百五十人左右，有來自馬來西亞、新加坡、香港、日本、瑞士等社會各階層人士，雖然來自不同國家，但求法之心卻是一樣的。

報到後，引禮法師就帶領著我們從剃髮、試衣，分配袈裟、羅漢鞋、中掛，縫製名條等一系列的準備工作。之前，我也有過一次的短期出家經驗，而這一期雖只招收三十五歲以下的青年，但因個人特殊原因，就委請永勝法師替我說項，而破例超收了我這位「長者」，當然就被指派為「班首」了。接著編班整隊，教授佛門行儀，及講解行、住、坐、臥威儀，必須符合「行如風、立如松、坐如鐘、臥如弓」所謂之行門四威儀，行進間要照顧每一腳下，眼睛半張直視前方，否則引禮法師當場就喝斥糾正，要求之嚴格，不亞於我三十年前當兵入伍訓練的情景，又讓我勾起這一段往事的回憶。此時，雖然烈日當空，又是長袍袈裟，直叫人汗流浹背，但昏沉隱約中，我似乎聽到引禮法師的叮嚀：「不要散心雜話，提起正念、轉直角……」等語，不絕於耳，出家弟子第一關的考驗就是如此這般的嚴格，然而，披在我身上的這一襲袈裟是這麼地莊嚴、威儀，不由想到順治皇帝的〈讚僧詩〉：「天下叢林飯似山，鉢盂到處任君餐，黃金白玉非為貴，惟有袈裟披肩難。朕為大地山河主，憂國憂民事轉煩，百年三萬六千日，不及僧家半日閒。」而自豪自己的大福報，怎不益加珍惜、精進！

課程從第一天的佛門行儀、出家典禮、懺摩，到第三天的正授、梵唄習唱、禪修、出坡、小組綜合座談、和尚開示、認識依止常住，至最後一天的巡山禮聖、捨戒儀式等，無一不是常住精心規劃與安排；由早覺到開大靜，每一天一系列的修持課程，都是一種新的體驗；尤其過堂用齋時，吃飯姿勢，要龍吐珠，鳳點頭，並要食存五觀想，每一個動作細微處，都蘊含著佛法至深的道理，讓你瞬間領悟參透！如果你根機不錯的話。所謂：「一粥一飯，當思來之不易；一絲一縷，恆念物力維艱」，這都是十方信施涓滴布施的功德，福不唐捐。叢林僧團講求的是「六和敬」的生活，一切以團體常住為重，並訓練出家人，三千威儀，八萬細行的基礎養成教育。唯有如此，才能肩負弘法、續佛慧命之如來家業。青年學子們，我們要有「佛教靠我」直下承擔的使命感！

時光荏苒，七天的短期出家修道，很快就要接近尾聲，又到了捨戒還俗的時候了，當衣、缽、具一一捧交引禮師父時，那種感動與不捨，讓我的淚水不由自主的簌簌直下，不只我一個，幾乎每個人都一樣，我知道那是自然真情的流露。羯摩和尚慧龍法師在捨戒儀式圓滿後，慈悲地為我們開示，要我們不忘初心、不念舊惡、不請之友、不變隨緣。戒子們聞之個個法喜充滿，如獲至寶。我會將這七天所學、所聞佛法，運用在日常生活中，攝心守意，推己及人，做社會一股清流，並時時照護清淨的戒體，發菩提心，行菩薩道。更希望明年此時，諸上善人都能再回到此地，俱會一處修學佛道！各位讀者，如果時間及各項因緣具足，不妨來一趟佛光山參加「短期出家修道會」，讓你體驗不一樣的人生閱歷，入寶山而不會空手回。

62 佛光大學與我

「十年樹木，百年樹人」，教育乃百年大計，我們何其有幸能躬逢其盛遇上佛光大學的籌建年代！我們正在寫歷史，同時在為歷史做見證；籌建大學工作千頭萬緒，從財源籌措、校址勘測、用地變更、設計規劃、監工驗收，乃至軟、硬體設置、招生作業、師資遴聘、課程安排、行政管理、人才培育、進修通路、睦鄰工作等等，均需挹注諸多人力、心力及財力，始能完成；興辦佛光大學是佛光山三十年來的大事，也是創辦人星雲大師的宏願，身為佛光人更要「有錢出錢、有力出力」，傾全力護持。「百萬人興學」，即集合百萬眾人之力量，每人每月一百元，三年為期，護持大學，讓大眾有廣植福田之因緣，把智慧留給自己，將大學留在人間。

我從民國一九九八年九月開始為佛光大學勸募，隔年三月六日我們全家四口隨花蓮其他勸募委員，到宜蘭佛光學舍接受佛光大學勸募委員的頒證；親聞來自全省各地委員的勸募感言及心路歷程。有一位老菩薩說，他每天四處撿拾瓶罐，就是為了捐作佛光大學籌建基金，真令人感動。當天在返回花蓮的途中，我內心暗自發願要勸募百人以上；說也奇怪，發自內心誠摯的願，連龍天護法也感應，短短三個月內，竟然如願達成；也許是我比較幸運，只要我向人開口，一般都能接受；固然有少數人提出質疑，但都不足以影響我勸募的心志，經我詳實說明後，助緣的力量立即散發，也逐漸獲得肯定而共襄盛舉，真是功德無量！

記得在勸募過程中，有一位菩薩讓我印象特別深刻，她問我：「你們勸募者有無任何酬勞？」我答道：「絕對沒有，我以人格保證，如果做善事還要冀望得到一些回饋，那就不叫善事，也失去行善的基本意義，況且這只是在盡個人微薄本分罷了。」最後這位菩薩也成為我所勸募的佛光大學委員之一。

願以此勸募心得饗眾，以激發長養善根之功德，回向給我所勸募的佛光大學委員，祈願諸佛菩薩加被，闔府平安，福慧增長。

63 回向

「回向」用世學解釋就是將所作一切善事的功德與人分享、發廣大回向心，同霑雨露，沒有一點自私獨占。「回向」在佛教是一個重要的修持法門、佛事儀軌之一，它也是慈悲心的顯現，於諸法會、佛事結束後稟呈文疏回向，變現所作之無形的功德法財，仰仗佛菩薩的威德力，加被護佑，讓所祈求的人、事，功果圓滿，這就是佛教淨土思想的重要義趣，亦即自、他二力的成就。在眾多「回向文」裡，常見的有「願以此功德，普及於一切，我等與眾生，皆共成佛道。」「願消三障諸煩惱，願得智慧真明了，普願罪障悉消除，世世常行菩薩道。」「願以此功德，莊嚴佛淨土，上報四重恩，下濟三途苦，若有見聞者，悉發*菩提心，盡此一報身，同生極樂國。」等等。而佛光山道場的回向文多以星雲大師所作的「慈悲喜捨遍法界，惜福結緣利人天，禪淨戒行平等忍，慚愧感恩大願心。」四偈句作為課誦藍本。

佛光山是一個八宗兼弘的道場，所以回向偈文已融攝八宗經要，總持慈悲與智慧。其實，只要誦持者能深心誠意，利益眾生為首，任一回向文都有它的功德法益。

「回向」的意義，不但要將所行善事回向一切眾生，同登淨域；日常行持更要具備慈悲喜捨四無量心，廣結善緣，累積福德資糧，行六度萬行，並且感恩惜福，發菩提心，利濟群生，長養善根。就如同將自己手上一根蠟燭的光，去引燃其它眾多的蠟燭，不但蠟燭本身的亮度沒有減少，反而讓室內更為光明，更為亮麗。換句話說，回向越多，受用功德就越殊勝。就我個人為例，提共參考。在我做完早晚課後，會先自我懺悔，即「往昔所造諸惡業，皆由無始貪瞋癡；從身語意之所生，一切我今皆懺悔」，接著發願「眾生無邊誓願度，煩惱無盡誓願斷；法門無量誓願學，佛道無上誓願成」四弘誓願，最後回向給法界一切眾生、歷代祖先、七世父母、累劫冤親債主都能離苦得樂，同生佛國，以及家人親友或你想回向的對象，祈願福慧增長，諸事圓滿。

「回向」的種類依經典記載又可分為：回事向理、*回因向果、回自向他、回小向大、回少向多、回劣向勝等六種。回向可以說是「自他兩利、怨親平等」的大乘菩薩道思想，是「無緣大慈，同體大悲」的體現。所謂「心田事不同，功德分勝劣。」我們要將事相的功德，轉化成無相的真如理體。因此無論修什麼法門，做任何功德，皆應回向，以普潤有情，這才是最究竟的慈悲。

過去有一位農夫，禮請法師到家裡來為亡妻誦經超度，佛事結束後，農夫問道：「師父，我太太在這次佛事中可以得到多少利益？」法師回答：「佛法如慈航普度，如日光遍照，不只你太太，一切有情眾生均同霑法益。」農夫不滿道：「可是我太太非常嬌弱，其他眾生也許會占她便宜，搶她的功德，可不可以只回向給她就好了。」法師感嘆農夫的自私，但仍慈悲地為他開示：「回轉自己的功德以趣向他人，均霑法益；就如同一燭引燃萬燭，可以照亮大眾一樣，本身不因而減少光亮，何樂而不為？」農夫仍頑固地說：「這個教義很好，但還是要請法師破個例，我有一位鄰居老李，平常對我很不友善，能把他除在一切眾生之外就好了。」法師嚴厲說道：「既曰一切，何有除外？」農夫茫然，若有所思。佛法在法性理相上，是「一即一切，一切即一；是*性相不二，空有一如」的。然眾生因有分別、執著、揀擇而現種種事相，作繭自縛；菩薩度眾，則不捨任一眾生，等無差別，理事圓融。

＊　＊　＊　＊

菩提心：即求無上菩提之心。菩提心為一切諸佛之種子，淨法長養之良田，若發起此心，勤行精進，當得速成無上菩提。

回因向果：及迴轉所修之因行，轉向所求之果。

性相不二：指體性與相狀無異。不變而絕對之真實本體，或事物之自體，稱為性；差別變化之現象的相狀，稱為相。

64 用心體悟

雪峰禪師和巖頭禪師同行至湖南鼇山時，遇雪不能前進。巖頭整天不是閒散，便是睡覺。雪峰總是坐禪，他責備巖頭不該只管睡覺，巖頭責備他不該每天只管坐禪。雪峰指著自己的胸口說：「我這裡還不夠穩定，怎敢自欺欺人呢？」

巖頭很是驚奇，兩眼一直注視著雪峰。雪峰道：「實在說，參禪以來，我一直心有未安啊！」巖頭禪師覺得機緣成熟，就慈悲地指導道：「果真如此，你把所見的一一告訴我。對的，我為你印證；不對的，我替你破除！」雪峰就把自己修行的經過說了一遍。巖頭聽了雪峰的話後，便喝道：「你沒有聽說過嗎？從門入者不是家珍。」雪峰便說：「我以後該怎麼辦呢？」巖頭禪師又再放低聲音道：「假如你宣揚大教的話，一切言行，必須都要從自己心中流出，要能頂天立地而行。」雪峰聞言，當即徹悟。

一般人學佛，總是知見立知，*頭上安頭。畢竟「從門入者，不是家珍」，要能「從心流出，才是本性。」因為，佛法是徹頭徹尾的平等，*理事無礙。亦即《金剛經》云：「是法平等，無有高下」之意境，沒有揀擇。以世間法而言，一言以蔽之，就是生活，做人，人成即佛成。凡事若能專注一境，用心體悟，便能一門深入；否則，在各個領域上，不能精益求精，滿足現狀就失去競爭力；門裡門外雖是一檻之隔，若想要在競爭激烈的現代社會裡出人頭地，及立於不敗之地，可要花費相當的心思及智慧，其中成功最重要的要件就是「人脈」，用佛法講就是「廣結善緣」。引用星雲大師說過的一個譬喻故事：

有一位太太到外面倒垃圾，遇見四個老人，她邀請他們到家裡喝茶。老人說：「我們四個人分別叫做財富、成功、平安、和諧，妳只能請其中一個，妳要請哪一個？」婦人回家與家人商討，先生說：「當然請財富呀！」兒子說：「成功比較好啦！」婦人則說：「平安最重要啦！」女兒說：「那和諧不是更好嗎？」婦人回答：「好吧，那就請「和諧」到家裡。婦人出門請了和諧，另外三個也跟著進來，婦人疑惑：「怎麼多了三個？」老人說：「因為和諧到什麼地方，財富、成功、平安就會跟著來了。」

「從心流出，才是本性」，「見性」是內證的功夫。「性」是真如，「性」是本來面目，「性」是空義。僧團裡面，講求「六和敬」；世間法裡，無論家庭或團體，強調「和諧」的重要性，「和諧」有了，財富、成功、平安，自然跟隨而來。

＊　＊　＊　＊

頭上安頭：禪林用語。比喻事之重複多遍而無必要。

理事無礙：為《華嚴經・盧舍那佛品》所說華藏莊嚴世界海所具足之十種無礙之一。謂全同真性而剎相宛然。

65 生命中的貴人

「貴人」，用世間法說，指適時伸出援手，為我們度過難關的人，無論是經濟紓困、急難救助或救命恩人等等窘境的關卡都是；就佛法觀點，即為今生前世與人有結「善緣」、種「善因」的結果。世間法裡，每個人在人生旅途上難免會遭遇一些挫折與困難，在你求助無門的時候，如果有貴人相助，幫你度過難關，那種溫馨的感受是無法言喻的，這就是生命中所謂的「貴人」。就學佛人而言，「大善知識」就是啟動你法身慧命的「貴人」，而星雲大師就是無數眾生的貴人，也是我生命中的貴人。記得在我七、八歲的時候，有一天，我和鄰居結伴到溪邊去玩水，走在田間不小心一腳踩入了又大又深的水肥坑裡，動彈不得，當整個人漸漸下沉幾乎滅頂時，瞬間只見一位農夫叔叔及時伸手把我拉了起來，救了我一條小命，還帶我到溪邊沖洗乾淨，那時小小心靈似懂非懂，我無以報答救命恩人，至今埋藏心中永遠的感恩，我生命中不知名的貴人。

所謂：「未成佛道，先結人緣」。平常就要與人為善、廣結善緣，儲存福德資糧。星雲大師說：「有錢是福報，用錢是智慧。」當然，「幫助別人」不見得局限在金錢方面，其實，一句安慰、鼓勵的話，一個溫馨的關懷、陪伴都是；佛法上善用「回向」「法布施」也是一種「利行」的成就。俗話說：「錢要用在刀口上」。舉凡關懷、言語、探病等，要自然誠懇且「恰到好處」也不是容易的事；但當自己有能力幫助別人時，表示自己還很有福報，如果能樂於分享，幫助需要的人，捨得而隨力，那才真懂得「隨喜功德」。

有些人生性慳吝不捨，守財奴，要他布施供養，比「要他命，割他肉」還要痛苦，且思忖狐疑再三；即使朋友真的有難借貸，也深怕吃虧上當。但救助的原則是「救急不救窮」，因「貧窮」無法長期救濟，宜教他自立更生。但若朋友急難孔需，在衡量自己能力所及，何仿適當方便、協助，那才是真正的「慈悲」「無上的功德」。受人恩惠，要知恩圖報，所謂「滴水之恩，湧泉以報。」不可忘恩負義。《佛說四十二章經》有云：「飯惡人百，不如飯一人善；飯善人千，不如飯一持五戒者；飯五戒者萬，不如飯一*須陀洹；飯百萬須陀洹，不如飯一*斯陀含；飯千萬斯陀含，不如飯一*阿那含；飯一億阿那含，不如飯一*阿羅漢；飯十億阿羅漢，不如飯一辟支佛；飯百億辟支佛，不如飯一三世諸佛；飯千億三世諸佛，不如飯一無念無位無修無證者。」「飯」，表示供養、布施、幫助的意思，供養三寶那是最大的福田；幫助一位善人，一個持五戒的修行人，也是功德。如不起分別心，當下的一念善心，即具無量無邊的功德。星雲大師說：「其實最好的供養就是『心香一瓣，遍滿十方』。虔誠的真心，才是真正的供養。」

有一位信徒用袋子裝了一百兩黃金，送到寺院給誠拙禪師，說明是要捐助建築講堂之用。禪師收下黃金，就忙著處理別的事，信徒對此態度十分不滿，心想一百兩黃金可不是個小數目，怎麼連個謝字也沒有？於是就提醒禪師道：「師父，我那口袋子裝的是一百兩黃金呀！」禪師淡然地應道：「我知道了！」信徒更生氣，提高嗓門說：「喂！師父，我今天捐的是一百兩黃金呀！難道你連一句謝謝也沒有嗎？」禪師剛好走到大雄寶殿就停下來轉身道：「你捐錢給佛祖，功德是你自己的，如果你把布施當成是一種買賣，我就代替佛祖向你說聲：謝謝！從此你和佛祖的關係是銀貨兩訖！」

這雖然是一則趣譚，但是在我們的日常周遭，不也是經常上演情節；布施或幫助別人時，若能不住相、*三輪體空，那才是法性上真正的無為功德。佛門有一句偈語：「三寶門中福好修，一文施捨萬文收，不信但看梁武帝，曾施一笠管山河。」若要有貴人相助，平時就要廣結善緣了。

＊　＊　＊　＊　＊

須陀洹：梵稱預流。指入見道時，初見四聖諦之理，得無漏清淨智慧眼，已斷盡三界之見惑八十八使，又稱初果。

斯陀含：梵稱一來，指已斷除欲界九品修惑中之前六品者，尚未斷除後三品之修惑，一度生於天界再來人間而入般涅槃，又稱二果。

阿那含：指已證得一來果之聖者將斷除欲界九品修惑中之後三品，而即將證入不還果之階位，又稱三果。

阿羅漢：意譯應供、無學。指已斷盡色界、無色界之一切見惑、修惑，而永久涅槃，不再有生死流轉之階位，為小乘之極果。

三輪體空：布施時，能體達施者受者施物三者皆悉本空，摧破執著之相。

66 及時把握，不能等

世上有很多事情要及時把握，不能等待；有一句話說：「待有瑕而讀書，則永無讀書之時；待有餘而濟人，則永無濟人之日。」這句話清楚地告示世人，教我們要把握因緣，切莫蹉跎荒廢；對於有意義的事，要及時去做。然而，到底這一生，還有哪些事我們要及時把握，不能等呢？茲舉四點提供參考：

一、「孝順」要及時，不能等：孔子說：「父母在，不遠遊，遊必有方。」《孝經》上說：「身體髮膚，受之父母，不敢毀傷，孝之始也；立身行道，揚名於後世，以顯父母，孝之終也。」父在觀其志，父歿觀其行，三年無改於父之道，可觀《無量壽經》：「淨業三福其中一福行：『孝養父母，奉事師長，慈心不殺，修*十善業。』」就告訴我們，對父母要孝順，不可違逆！這是最基本的世間福行。佛法裡對於「孝」的註解，可分大孝、中孝、小孝三種。「小孝」就是父母日常所需，甘脂奉養，晨昏定省，衣食無缺。「中孝」即是能讓父母、家族，光宗耀祖，揚眉吐氣。「大孝」則指在世時，接引父母學佛，解脫煩惱；往生後，以正法佛事超薦西方。職是之故，奉勸天下為人子女者，父母在世，一定要好好盡孝道，莫等到「樹欲靜而風不止，子欲養而親不待。」那可後悔莫及了。

二、「行善」要及時，不能等：人生無常，國土危脆，人命在呼吸間。行善是給自己累積福德資糧，就好像我們出遠門時，身上盤纏帶夠了沒？「盤纏」指的就是我們的福德資糧。有多少能力，做多少事，隨緣、隨分、隨力，不起煩惱；但千萬要記住：把握當下因緣，有能力就馬上行動。「世間福田」是多做多得，少做少得。莫以為：「等有錢再來做！」，等無常一到，那已經是來不及了。

三、「養生」要及時，不能等：養生包括運動、飲食、睡眠、調劑，只要能讓身體健康的方法，或可統稱為「養生之道」。世出世間法，「健康」對一個人來說，永遠都是最重要，因為健康是無價的。健康是1，其他都是0，0可能是金錢、房地、田產、權力、名位、女人……。沒有1，再多的0也沒用。有了1，後面的0，可多可少。畢竟，失去了健康，人生是黑白的。

四、「修行」要及時，不能等：修行的目的是為了「離苦得樂」，進一步而言，無非是「了生脫死」「不再輪迴」。因此，修行也要及時，趁年輕時把不好的習氣、行為修正過來，趁早修行，儲備往生資糧。有些人，年輕的時候，忙於世間的交際酬酢，不懂得念佛、拜佛，等因緣錯過，已是髮白、齒搖、眼花之身，哪有體力修行。且每一個階段的因緣都在遷流變化之中，誰也不敢保證，這一期的生命，晚年命運，因緣走向，會如何運轉？說不定，未來與「道」漸行漸遠，沉淪於生死流裡，那就非常可惜了。

佛門有一句話說：「不怕念頭起，只怕覺照遲。」人生在世，莫有「及時行樂」的觀念，而是要「及時起修」才正確；因為「及時行樂」是短暫的、感官的、*生滅的，這都不能究竟解脫，若能體悟「人生無常」「諸惡莫作，眾善奉行」，為自己累積*福德資糧，那才是自利利他的正行。

＊　＊　＊　＊　＊

十善業：乃身口意三業中所行之十種善行為。即殺生、偷盜、邪淫妄語、兩舌、惡口、綺語、貪欲、瞋恚、邪見。離以上十惡，則為十善。

生滅：指生起與滅盡，有生必有滅之意。與「生死」同義。生滅廣通一切之有情與非情，由因緣和合而成立之一切法（有為法），因有變移之性質（無常），故必有生滅。

福德資糧：為布施、持戒等之善根功德，即六度中之前五度。

67 三皈五戒

每個宗教都有它皈依入教的儀式，天主教、基督教稱為「受洗」，佛教名為「皈依」，皈依三寶即歸投依止佛、法、僧三寶，而正式成為佛弟子。三寶是世間第一福田。星雲大師說：「皈依有如學生在學校註冊一樣，你註冊登記就有正式學籍，否則只是一個旁聽者，不能獲得正式的證書。」「三寶的功德無量無邊，若不皈依三寶則無緣受用。其次從發心信仰到究竟證悟，尚有解、行的修學過程。」皈依佛教也是一樣，你有經三師和尚正授儀式，即成為正式的佛弟子。我個人在一九九七年皈依三寶，二〇〇〇年乞受五戒及菩薩戒，所謂：「法門無量誓願學」，且三寶有無盡的福田，讓我們盡形壽學習戒行增上。佛陀在臨*涅槃前還為前來問道的年一百二十歲之須跋陀羅披剃出家。一個長者都懂得把握殘餘生命修道，更何況我們泛泛眾生，若只耽溺於五欲六塵，追逐外相生滅的東西，浪擲虛度此生，是非常可惜的。

我們知道，佛陀歷經三大阿僧祇劫的修行，已圓滿一個無上正等正覺的聖者，具足三十二相，八十種隨形好，萬德莊嚴，功德巍巍。《無量壽經》云：「世尊諸根悅豫，姿色清淨，光顏巍巍，如明鏡淨，影暢表裡。」佛陀雖已滅度兩千五百多年，但法身常住，出家的佛弟子荷擔如來家業，度眾不輟。我們世間人，若能把握這殊勝的因緣，皈依學佛，你就是一個有福報的人。「皈依」就像迷失在汪洋中的一條船，找到了燈塔的導引，重獲生機；又如在黑暗中出現了一盞燈光的照明，有了希望。所以「皈依」在佛教上是一個非常重要的入門儀式，學佛者你必須要先皈依，否則你只是個門外的人，一個佛教的認同者而已。經云：「佛在世時我沉淪，佛滅度後我出生；懺悔此身多業障，不見如來金色身。」五戒即所謂：不殺生、不偷盜、不邪淫、不妄語、不飲酒。在儒家謂之五常，以仁者不殺害，義者不盜取，禮者不邪淫，信者不妄語，智者不飲酒。五戒能持，為「人」之基本。若能盡形壽受持不犯或分戒受持，斷惡修善，利濟眾生，堪為在家的優婆塞、優婆夷之典範。

佛陀在八十歲那年的二月十五日將入涅槃時，眾弟子公推阿難尊者請示佛陀四個問題。阿難尊者恭敬地跪在佛陀枕邊問道：「佛陀您住世的時候，我們依您為師，但佛陀涅槃後，我們當依誰為師？」「我涅槃後大家應該以『戒』為師。」阿難再問：「佛陀！您住世的時候，我們依您安住，但佛陀涅槃後，我們依什麼而安住？」「阿難，我涅槃後，大家應依四念處安住，所謂四念處就是觀身不淨、*觀受是苦、觀心無常、觀法無我。」阿難接著再問：「佛陀！您住世的時候，那些凶惡的人有佛陀調伏，但今後佛陀涅槃了，凶惡的人要如何對待？」「阿難，調伏凶惡的人，最好的方法是『*默擯置之』，不要理他就好！」阿難非常感激佛陀的慈悲，再提出最後一個問題：「佛陀您在世時，佛陀的言教，大家易生信解，但是佛陀涅槃後，經典的結集，如何才能使人起信呢？」「在一切經首，應該安『如是我聞』一句，表示你阿難是聽到佛陀這麼說的！」

這是佛教史上非常有名的「四問」。

＊　＊　＊　＊　＊

涅槃：又作泥洹。意指寂滅無生之意，此乃超越生死之悟境，為佛教終極之實踐目的。

觀受是苦：為四念處之一。亦即觀苦樂等感受悉皆是苦。

默擯置之：佛陀將臨入滅時，阿難尊者向佛請益的四個問題之一。亦即對犯戒之比丘或比丘尼所行之一種治罪法。

68 人間佛教行佛的典範——林國照

林國照督導給人第一個印象是臉上總帶著一抹誠摯的微笑，畢生一師一道，全心全力護持道場，他常常以寺為家，因此在道場總能看到他的身影；舉凡鋤草、布置、搬桌椅、修剪花木等作務，都能歡喜承擔，「逢人便微笑」更是他的註冊商標；他那和藹可親，謙沖自牧的行誼，就像鄰家長者一般，我想這便是他多年來修持內顯的德行與真誠待人的自然體現。

他曾擔任壽豐分會會長、督導、花蓮區督導長，以及金剛分隊副隊長，每一項職事，總是盡心盡力，在協助分會會務推動及建言，也都能善盡職責，恰如其分，尤其對後進的提攜與照顧，更是不遺餘力。道場只要出坡作務、法會布置，不待師父開口主動承擔，而且常作「不請之友」。長期以來，月光寺殿前偌大的草坪都是他和丁健峰會長發心維護，有時在大太陽底下，一頂斗笠，只見他推著鋤草機汗如雨下，師父不捨地叮嚀他要多休息，或等沒太陽了再做，但他總是笑著說：「沒關係，就快好了！」任勞任怨的他總以「常住第一，自己第二」，可說是我們佛光人學習的榜樣。

在道業精進用功，經常看到他在誦經念佛，而舉凡道場週六共修、佛事法會，幾乎從不缺席，也會鼓勵並載會員一起來參加，他的精進力與慈悲心，讓人不得不讚歎：「真是了不起！」。

為了建寺，他栽種俗稱「鐵拳頭」的種子泡酒，義賣贊助，這藥酒對於撞傷瘀青症狀外敷，確有相當的效果，與月光寺的「佛手」，兩者可以相提並論，遠近馳名。領有推拿執照的他，也常常為佛光會員免費服務，平時佛光會的助念佛事，他總是跑第一，真正落實佛陀所說：「未成佛道，先結人緣」的精神。

「布施」更是不落人後，其樂於助人的性格，從他微笑的臉上，表露無遺，足堪星雲大師「三好運動」的最佳代言人。每次只要搭車回山，他都用心準備早點及餅乾，讓我們在旅途中感到特別的溫暖。

二〇一六年三月二十四日因心肌梗塞進住慈濟醫院，惟不幸延至五月十三日捨報往生，享年七十二歲。五月十九日由月光寺監寺妙勳法師以不捨的心為其籌辦莊嚴隆重的告別式，各地佛光人絡繹不絕前來送別，可見他平時與人結緣及受人敬重之深。

他此世已為大眾現身說法並立下「人間佛教」行佛的典範，相信國照督導現已到另一個清淨的國度，為他另一期生命繼續圓滿菩提，直至花開見佛，蓮增上品或乘願再來。面對生命的無常，縱有萬般不捨，終須一別，「哲人日已遠，典型在夙昔。」讓我們再一次呼喚您一聲「永遠的國照督導」。

69 與病為友的人間菩薩——林振

在花蓮一提到林振師兄，沒有人無不對他坦然面對癌症的勇氣與樂觀開朗的形象，豎起大拇指。

罹癌十三年，抱持「與病為友」的信念，在佛光會發心義工期間，讓他的抗癌過程，生命更顯得精彩豐富，最終雖仍抵不過病魔的侵蝕，但其創造不朽生命鬥士的精神，卻永留人間作為人們學習的典範。

二〇一六年十一月九日下午三時在妻子兒女陪伴下，安詳往生，享年七十歲。

四、五年前當他回診做切片複檢時，醫師告訴他的肺部有一些影點，需要再動手術割除，後來發現是良性，但誤診屬實並已割除了四分之一的肺，心中卻沒有一點責難與抱怨，也沒打算要興訟，不禁讓人讚歎他的氣度與修養。有時候我們會關心並提及他的目前狀況？

他總是一派輕鬆無事地回答：「能活多少，算多少。活在當下就是了！」從外表上，那樂觀喜捨的心，儼然掩蓋了病魔噬身的苦，每次自我介紹自己是癌末患者，凡是第一次與他碰面的人都會一臉訝然！因為從他臉上的氣色，根本看不出他是位癌末的病人。每天早晨都去打太極拳，活動筋骨，增強免疫力，也參加了花蓮老人會，長期擔任義工，服務老人，個人生活正常，熱心公益，待人和睦。在過世前一個星期還參加吉安第一分會舉辦的北海道場寺院參訪二日遊活動，即便有病纏身，惟仍不改其樂天知命的個性，旅遊途中，依然談笑風生，並分享其如何度眾的心得，這就是林振師兄給人最深刻的印象，殊值我們讚賞與學習的地方。

曾擔任佛光會吉安第一分會的秘書及副會長等職，經常參與月光寺各項法會修持活動，對分會會務的付出與發心，更是不餘遺力。尤其每年林口體育館北區禪淨祈福法會，幾乎從不缺席。因為對歌唱有興趣，且認同大師「以音聲作佛事」的理念，所以就歡喜加入了月光寺人間音緣合唱團，用歌聲度眾結緣。林師兄有時請假回診化療，復課後他依然神采飛揚，精神抖擻，嗓音嘹亮渾厚。幾次跟隨大眾回山參加佛陀紀念館「萬人歌頌偉大佛陀音樂會」表演，一首〈禮讚偉大的佛陀〉悠揚動人的讚頌梵音，猶在耳邊輕唱縈繞，如今卻已天人永隔。在告別式會場，人間音緣所有學員一首〈祈求〉，一首〈西方〉為其送別，祝福他到極樂世界仍有人間因緣可唱。

面對生死問題，不是每個人都能自在放下，但從林振師兄的身上，我們學習到一場生死自在的演繹，相信這與他加入佛光會多年學佛的修鍊，有很大的關係；樂善好施的他，也將信仰傳承給他的孩子及同修劉秀珠，繼續在佛光會發光發熱，廣結善緣。

「積聚皆銷散，崇高必墮落；合會要當離，有生無不死。」林振師兄，願您在彌陀的接引下，托質蓮邦，受諸眾樂，您就長眠安住或乘願再來吧！

走讀山水

朝看花開滿樹紅，暮看花落樹還空；

若將花比人間事，花與人間事一同。

——唐・龍牙禪師

70 人生快車

光陰倏忽，不覺中，已接近知天命的歲月，將年少輕狂的日子，遠拋在記憶的腦後。

翻開泛黃的日記，你曾記錄璀璨的扉頁，字跡早已模糊不清。當送走北迴線最後一班北上的列車，你的叮嚀，逐漸被響亮的鳴笛聲所取代；後來，我才發現，月光投射的身影，幾乎與你別離的淚水等長。

今夜，月色迷濛，索性吹熄思念的燃點，提起那厚重的行囊，奔向希望的明天。

我要告訴忙碌的人們，人生請放慢腳步，千萬別錯過沿途的旖旎風光；或許，生活中，只要再多添加一點喜捨的因子，快樂的指數，必然會因此提升。

71 人生快意事

人生快意事實在太多了，不勝枚舉。世間法裡，我們認為，有錢很快樂，健康很快樂，談戀愛很快樂，遊山玩水很快樂，好友相聚很快樂，他鄉遇故知很快樂，娶媳嫁女很快樂，生個寶貝很快樂，升官發財很快樂……。其實，人生還有許多快樂的事，列舉如下：

一、失而復得最快樂：有時候，東西（金錢）掉了很煩惱，心急如焚；尤其重要證件遺失，重新申辦費時麻煩。此時，若有人拾獲，物歸原主，那種感覺和中了彩券是同等的高興。

二、父母健在最快樂：父母是跟我們血緣最深的人，哀哀父母，生我劬勞。父母養育子女，拉拔長大，茹苦含辛，恩重如山之高，海之深，我們無以報答萬一，所以總希望父母勇健，與我們同享天倫。

三、金榜題名最快樂：人生追求的願望及價值觀，或許每個人有所不同，但能夠「金榜題名」，其企盼的心，則是人人皆同。「金榜題名」代表「十年寒窗無人問，一舉成名天下知」的心情寫照，若福德圓滿，從此就平步青雲，光耀門楣。

四、無病無憂最快樂：古德說：「人生不滿百，常懷千歲憂。」每個人，一生中多多少少難免會遇到一些挫折及不如意事，能夠無煩無憂過生活，乃是非常有福報的人，也是宿世累劫修成的福德，雖說世間福，但也可說是依報莊嚴，唯那是少之又少。經云：「知足第一富，無病第一貴。」可見無病是人人所渴望得到的。

五、為善助人最快樂：青年守則：「助人為快樂之本」。雖然人生快意的事很多，但沒有比助人後心情自然流露的喜悅，還來的踏實，而有價值。

六、破鏡重圓最快樂：夫妻分離後復合最為快樂；親人戰亂離散，多年後他鄉再重逢，也是最快意之事。夫妻能夠破鏡重圓，表示已能釋懷、諒解，包容對方，若再續前緣，重組家庭，這是好事，我們都予以祝福。

縱然，每個人的願望和理想，千差萬別，但所追求的快樂是一樣的；每個人都想過舒適的生活，但一生能夠衣食無缺，無煩無惱，那得看個人的福報！「人生有夢，築夢踏實。」其實，生命長短，不是我們所能掌控，但我們可以增加它的廣度和深度，發揮它的光與熱！提高它的附加價值！這才是人生最快意之事。

72 人間花香

才剛踏進入山口，花香氛圍已瀰漫美崙山丘，一眼望去，陽光燦爛，站立這個高度，恰好可以俯視太平洋的海流；我深深吸了一口芬多精，沁入心底，神清氣爽。冷冽的風，沿著台階緩緩拾級而上，隱隱嗅到兩旁煙火花、桂花、杜鵑花、朱槿簇擁所散播的淡淡花香，屬於三月的季節，百花齊放；吹過密林，風終於竄上稜線，得意的告訴忘性的人們，「冬盡春來，春的腳步近了！」領略風的善意，上山下山，一路上，即使高低起伏，走得氣喘如牛，我仍將風的自信，嵌入記憶深處，迎接挑戰的新年。

春天的花，特別嬌寵嫵媚，因有陽光陪襯，才顯得花姿招展，鮮豔欲滴；在紅塵波濤中，確實很難抵擋它的誘惑，想必人人如此。禪宗有一句話說：「百花叢裡過，片葉不沾身。」這是修鍊到極致，一種內化的深層禪定。人人領悟不同，根器因緣迴異，並不是每個人都能悟到空性，至少要能對境不迷，包括順、逆境。人間因為有花，點綴多采多姿，花香遍滿人間；即一切相，離一切相，六根緣六塵，既即既離，經云：「令我生死輪迴，安樂妙常，同是六根，更非他物。」不是嗎？世間五欲，淺嘗即止，無須執著；儘管如此，若動心執著，則易陷入痛苦的泥淖中。入世演繹，不免任運六根，但當下我們是不是能悟到無常與萬事萬物的幻化不可得？其實，看透了，不過是「花開花落」的自然現象。唐朝龍牙禪師有一句偈語：「朝看花開滿樹紅，暮看花落樹還空；若將花比人間事，花與人間事一同。」一切隨順因緣，何必強求？窮通禍福，利祿功權，皆由自取，所謂：「欲知前世因，今生受者是；欲知來世果，今生作者是。」

人間花香，人間快樂，在於心境保持樂觀，事事正向以待，活在當下，發揮生命的價值，即是圓滿的人生。

73 山的呢喃

六月的鯉魚潭，陽光正炙，一泓碧水，波光粼粼；夜晚，湖中帆影點點，映照一輪明月的孤寂；凝視窗櫺外那一抹向晚的紅霞，隨風在我心波盪漾，不自覺卻慵懶地悄悄爬進了我香甜的夢鄉，我才驚覺，這一處桃花源的山外寂靜的村落，一如羞澀的村姑，未曾讓人划到你深澄寧靜的心湖。清晨清爽卻帶點溼度的風，沿環潭小道呼嘯而過，把森林沉睡中的花木都一一喚醒；我踩著綠意，走向斜坡，樹叢中隱約一串串高掛紅白相間的月桃花，低首迎風，搖曳生姿，時而舞動，時而矗立，動靜自如，如風鈴般的飄逸瀟灑脫，讓旅人一身的疲憊，得以舒緩。也許曾經你我年輕編織的往昔夢囈，在好遠的地方，很久以前早已封存；為何剎那間，異地觸景，又一一漾起漣漪，雖然往事不復追尋，來到舊地，我不懂，歲月的痕跡，依稀歷歷清晰印記著你我曾許的諾言，一幕幕影現的究竟是夢？是幻？我不禁要問，卻從來沒有答案。

昨夜星辰點綴穹蒼，一閃一閃，燦爛奪目；和風吹拂，擾亂我悠悠思緒；夜裡，夜來香芬芳飄來淡淡的清香，在黑夜裡顯得格外咀嚼有味。那一夜的蛙鳴，正好與雨聲滴答互和，譜出一首優美的協奏曲，把山城的夜襯托成人母搖籃的溫柔。獨獨喜愛山城那種無言的靜謐，只因為美得動人，我一夜捨不得闔眼。你問我「美」的定義是什麼？我回答：「其實，『美』並沒有絕對的定義，只要你心中有愛，是不須刻意去分別的，任何賞心悅目，善美的事，與人為善，隨緣而作，都可以是美；『美』如一罈酒，置放心中，越陳越香，你也可以將『美』的感覺，分享別人，讓『美』在你我心中發酵。」

然而，回到現實，世事的枷鎖是需要時間的試煉與銷融的；或許，有時候，人的心會被「隨順」與「方便」一時迷惑，失去應有的節度，終日攀緣妄動，遺忘自性本具的真如。希望純真的根性，能夠恆持保任，在面對人生各種磨難時，能適時地發揮正向的作用，至少在這個山城，有我初遇喜悅的餘韻。

深夜裡，我遙望萬家燈火，微光中透露著絲絲的暖意與交織的美夢，彷彿潑墨山水，隨夜色正逐漸地向外暈開……擴散……。

74 心的旅程

那天午後，我來到東海岸，大自然如畫，鹽寮海彎，一個倚山傍海的小村莊，隨意席地而坐，聽浪濤拍岸，冷風呼嘯，吸一口純潔的靜謐，走入心中的阿蘭若。

壽豐鄉境，花東幹線上，一列彩繪火車，正好劃過縱谷初秋的寧靜，與平疇綠野，雲靄低幕，競相奔馳，等候滿載歸鄉的惦記，好向人間萬家燈火。

鄉下樸實的氛圍，不經意會讓你處處心生歡喜，猶記得去年油菜花盛開的景象，有黃色的浪漫，更有鄉村獨特的芬芳，我們彼此用善念祝福；今年我輕盈走過，你的祝福，依然洋溢在我心田。

當晨曦灑落在生意盎然的稻穗上，閃耀著一片金黃，彷彿生命的過程，是一種必然的鍛煉，縱然順逆不一，因緣有別，但只要踏穩每一步履，相信，你可以輕易走過深邃昏暗的幽徑。

人生旅途，總要留個轉寰的空間，有時，短暫休息停歇，是為了看清前行的方向。就像時序，使盡一身的力氣，醞釀秋的到來，從塵勞慢慢勾勒出心中清涼的日常，心的旅程，心的風景。

即便老了，我也願意輕挽你的手，讓歲月化作雪白的山嵐，編織一首飄逸的詩，和你一起吟唱亙古的鄉愁。

浮塵影事如幻，功名富貴成空，繁華幾度，春風依舊，迷情妄識，纏縛日深，唯有精進，從心開始。

75 木棉花

當大地慢慢褪去沉睡的外衣時，正是木棉花盛開的季節，恰似春天，百花爭豔，點綴著人間更美。每年的此時，我總不經意地期待，矗立在北埔段鐵道旁，那一排長長的木棉樹，不管豔陽高照，細雨霏霏，或途經或佇足，我總會多看它一眼，在晨曦日暮間，流連忘返。

我不知世上還有多少人像我一樣喜歡木棉花？欣賞它在迎向陽光綻放的模樣，璀璨亮麗，堅韌挺拔，那一顆顆閃耀金黃色滿樹的花朵；陽光將花的影子，稀疏灑落在鐵道的碎石上，靜靜地等待目送一列列火車疾駛而過，那一份質樸純淨，分外令人憐愛討喜。

雖然器世間萬事萬物仍然離不開成、住、壞、空的變異，但若能把握當下那一刻真、善、淨、美，還是可以體悟「剎那即是永恆」的哲理；因為它帶給人們的開顏喜悅，演繹無量的芳香，是無價恆久的。

花開花謝，人聚人散，觀無常的自然定律，對於修行者來說，自古以來，從未改變；有的，只是那顆生、住、異、滅，枷鎖的心，猶是摸不著，看不透，往返於生生滅滅的輪迴裡。

76 父親的背影

雖然父親已於十七年前往生，但我對他的思念依舊濃厚，尤在學佛之後，萌生報恩的心，不時湧現；雖然父親的色身已隨著四大分散，並不影響我對他的記憶跟懷念。父親個性沉默寡言，但心地尤甚善良，他不曾說過別人的一句是非，至今回想，一個未受戒又沒學佛的人，口德能夠攝受這麼嚴謹，著實不易，其實，父親已給我們作了最好的身教。

小時候，我總喜歡利用放學後的一個空檔，順道溜去學校附近的媽祖廟看野台布袋戲，演著史豔文與哈麥二齒，即使匆促地看個二十分鐘也覺滿足，那是我最大的嗜好，至少在那個窮困的年代裡，不用花錢的娛樂，無所替代。再者，因為我每天固定的工作，回家就是要幫忙清洗賣過豆漿、米漿的鐵桶及打掃豬圈，那個時候，我將視為是一種苦差事，我每每想辦法逃避，結果總是挨受父親的一頓鞭打，這種日子持續到我國中畢業後，離開家鄉去讀軍校為止。

七〇年代，台灣經濟已逐漸起飛，但我們家仍過著一貧如洗的日子，獨靠父親推著小車沿街叫賣早點，嚴格說來偶能勉強糊口，要養活九個小孩的家庭，可以想見一般的窘境，所以說，生活所需，捉襟見肘，寅吃卯糧是常有的事。印象中，母親常常跟米店、菜販、肉攤老闆賒帳，學費總是班上最後一個繳交的人，而且是拎了一袋的硬幣，苦了老師，至今回想起來，還真不好意思。每次我從外地放假回家探視雙親，那時候，即使家家戶戶都有了摩托車，唯獨我們家買不起，所以我都是從車站用古董級的「老鐵馬」被載著「慢慢扣」回家的。「老鐵馬」的鐵鏈聲依稀清脆，老鐵馬與一對父子的身影，總在晨曦日暮間擺渡。

目睹人家一個個開騎車或騎摩托車來接送，我是等了半個小時後，再用半個小時的時間像老牛拖車般地被父親載回家，雖說還是感恩，但仍然抵不過自尊心的作祟，不免嘀咕；來接我的，有時候是父親，有時候是二哥，直到我官拜上尉，家裡經濟仍沒改善，我還是要坐著老鐵馬回家，前面踩鐵馬的是父親，後方被載的是我，一樣的場景，只是走過不一樣的時空街市。

記得有一次放假回去，父親來車站接我，從鐵馬後座看見父親佝僂的背影，我好不捨，那時父親已患有嚴重的糖尿病，窮人家生不起的富貴病呀！一路上父親沒有多話，但我感受得到，不善表達的父親，看到兒子的那種喜悅的心情，在內心深處發酵；也許，因為我是他全家小孩裡最有出息的一個，雖然只不過是個軍人。我還是歡喜的搭著父親的老鐵馬回家（若換成現在的行車速度，時速鐵定不超過十公里。）感謝父親拖著老邁的身軀，吃力地載著我回家，奇怪！那時候我怎沒想到，可以換我載父親回家；啊！我知道了，因為，在父親的眼裡，你永遠都是長不大的囝仔，不是嗎？

時至今日學佛後，我常在思惟，以我們家的例子，從上一代父母未受教育，到我們這一代兄弟姐妹也未受良好教育，只因家貧的關係。這就是佛家所說的「因緣所生，共業所感」，「依報」的差異，都是每個人業力的牽引，即前世沒有種下布施的「因」，自作自受，也沒得怨尤，今生對自己的身、口、意三業更應戒慎攝受。但佛說人有二十難中的「貧窮布施難」，若單以「財布施」來說，不明真理的人會質疑說，這不就造成生生世世的惡性循環？其實不然，一個微笑，一句柔軟語，也是一種布施，一種供養；若能無相，「財布施」隨喜隨力，就像「貧女一燈」的故事一樣，貴在誠心；而「法布施」、「無畏施」功德更是殊勝。

人的身、口、意起惑造業，第一念「動機」最為重要，「行持」就是要找回那一顆真如本性，法性湛然，在聖不增，在凡不減的真心。懷念父親騎鐵馬載我回家的日子，但看見父親佝僂清瘦的背影，感到不捨；至今仍慨嘆，父親在世時，我竟連佛家所謂的「小孝」（甘旨奉養，不事違逆）都做不到，往生時，又無緣以佛事超薦，福力救拔，著實深深觸悔我心，縱是個人因緣，也難免追悔；經云：「過去心不可得，現在心不可得，未來心不可得。」因過去已滅，現在仍在遷流變化之中，未來不可預知，只有活在當下。為了不再隨業生死流轉，我得努力用功！用懺悔心、精進力、長養菩提心，將所行一切善法，回向於父親及一切有情，趣向善道；並期勉自己好好在心地上下工夫，廣結善緣，知恩報恩，以慰父親在天之靈。

77 生命的長度

當過慣了平順的日子，是否擔驚時間的長河，又再度捲入現實與塵俗的旋渦中，成為囚禁你我心牢的鎖。

每日上演的生活戲碼，放任習氣的無限上綱，卻從未檢視內心到底添加了多少顛倒的元素？

最後抉擇告訴我，不妨暫時拋卻形式上枯坐的蒲團，拎著裝滿悲智的菩提箱，隨菩薩義工的列車，開往那沒有終點的心靈加油站。

是不是人生有許多境遇，非我們所能預料及左右，佛家稱它為「無常」；雖然，改變環境不易，放下執取更難；但我相信，維繫人人心中的那把尺，絕對可以丈量一期生命的高度與寬度。

78 我走在楓林步道

找一個涼風習習的深秋，我獨自走在楓林步道，在西北雨下過的午后，山的另一邊，鮮亮的彩虹，有如搭起一座鵲橋，與眼前的楓紅相互輝映，恰似佇立在遙遠的天邊；是夢是幻？我竟如此的迷惘，是否因為有妳？如果可以的話，我想試著踩過，希望用我輕盈的身軀，輕輕地與妳相會，沒有雨也沒有風，夢想在那深秋的夜，只有明月陪伴，妳我在鵲橋上，獨自相遇。

無情的風，吹得楓葉飄落一地的紅，無意間與大自然第一次真情邂逅，真是美極了！眺望山腳寂靜村落，那不是我居住的地方？在後山的最後一塊淨土，曾經票選全國最適合居住品質的「吉安」，每個人，或多或少，在你我的身旁，人、事、地、物，常會不自覺的輕忽，其實，情與無情，只要你多付出一點關懷，這就是無形的「福報」，不是嗎？

我一邊欣賞美景，一邊將意念繫住於佛號上，就這樣一步步以「數息」；之前貪取的妄執，不可思議地又回到了現實。就在一進一退之中，印證生活在紅塵世俗裡，不可能全都白淨不染，偶爾點綴彩繪，不苦行也不放逸，就跟彈撥琴弦一樣，鬆緊適度，音質才悅耳動聽，若能擇中道而行，應該也是一種「道」吧！

不知不覺中，我已來回漫步蹓了兩趟，沿路的楓，迎風搖曳，難道是在暗自竊笑，哪裡來的癡情人兒？直到夕陽逐漸西沉，驀然回首，我的身影已消失在這一道長長的楓林中。

79 往事

小時候，父親的嚴肅，是醃釀的豆腐乳，鹹而難以入口；及長，才知那是一道可口的佳餚，令人回甘。

親情沒有代價，也無須計較，有時，腐朽得不堪，常在午夜的長笛聲，劃破夜闌的空寂，忐忑直到天明。

二十年的他鄉浪跡，情感的指數，一直飆升，總找不到對治的藥；等到嘗盡人生起落，送走了往事，這才動了放下的念頭。

80 迎風看海

海風正吹，在鹽寮台11線公路旁，守著目送山坡最後一叢蘆葦草搖曳飄蕩的美姿；喜歡與海零距離的接觸，我起個大早，漫步在海邊無垠的沙灘，美麗的景緻，好像一幅山水潑墨畫。

海浪拍打在礁石上，濺起一陣陣碎花水珠，迎面撲來，伴著濤聲隨嘴角邊慢慢滑落，鹹鹹的，與小時候到海邊戲水的滋味，一模一樣，數十年不變；唯一變的，是時光的巨輪不斷地向前追趕，深怕被遺忘在地平線的一處角落裡。

那天，與家人一起去看日出，睡眼惺忪，揉一揉眼睛，把睡意全拋；夏日的氛圍，已熱情上場。我與大自然，沒有華麗多餘的旁白，靜靜的，偶而眼神相視一笑，似乎在演繹一場行動默劇，此時，晨曦的光芒，緩緩投向大地，也照射在我的臉龐，不時的閃耀。

當太陽昂揚升起，感覺已頂到了額頭，有一點點的熾熱；海潮不再洶湧澎拜，該是與海揮別的時刻，柏油路上蒸發的朦朧熱氣，像似無數個舞者，在道路中間的雙黃線上婀娜舞動；日正當中，就這樣，喜悅的心，陪著我們一路歡唱回家。

81 近山有感

秀林鄉源於中央山脈高聳的山嶺，遠觀它，有一種說不出的美感，雄偉中又不失溫柔，直教人樂於親近；多情的雲霧終年籠罩在山麓間，時而依偎，時而低吟，像一位扎上頭巾的少婦，堅貞廝守在她的愛情裡。

晨間的山嵐，氤氳分外濃厚，曙光從枝縫間透射出來，氣勢磅礴，有如一幅渲染的山水畫，那般自然完美。

窗臺外的強風正吹得嘎嘎作響，為昨夜那一首探戈舞曲，增添了許多遐想的空間。身居山中，任意徜徉在無盡蒼翠的森林中，我用湖光山色當畫紙，瀑布流水作筆墨，盡情彩繪著心中那一片秀麗風光。

喜歡在月色朦朧的夜裡，淺嘗淡淡的桂花香，讓芬多精漂淨內心雜染的塵垢；每當，萬籟俱寂，我的脈博跳動與大自然的呼吸，交互共鳴，譜出生命最深層的樂曲底蘊。

雖然，每個人的福德因緣，有所差異，卻都必須歷經從蛹破繭而出的試煉，才能羽化成美麗蝴蝶的艱澀過程，成為智慧的心。古來多少大德，也曾站在生命的高點上，開拓人生的寬度，讓塵緣的心，沉澱默照，不再隨波逐流；固然世事變遷無常，若能恆持正念，也就是一種禪定的力量，相信，這種力量，足以讓你度過人生的關卡。

82 思念的絮語

向陽的東海岸，秀姑巒溪與木瓜溪，潺潺的流水聲，訴說著歲月的往事，漂走一頁遷徙的濫觴，選擇遺忘，奔流大海。

一步步足履，輕輕踩踏綿延三百公里的東海岸及蜿蜒的花東公路；飽滿低頭的稻禾，金黃的油菜花田，溝澮旁的野薑花，從來就是旅人一路相伴寂寞的慰藉；曾用汗和淚水，換取柴米油鹽的生活溫飽，是母親一生呵護，填滿整個春、夏、秋、冬的童年溫暖。

山的一邊，原住民的部落圖騰，客家的山歌傳唱，那種日出而作，日落而息的知足和樂景象，觸動多情的白雲，代我傳遞遙遠故鄉想望的絮語；多麼希望，人間美事，一直留駐我心，盪漾……回味。

當相思寄語雲靄，越過高聳的山巒，才知這一切的虛幻，竟是一夜的夢囈？只好，在雨季氾濫之前，上緊思念的發條，回到本來的目前。

83 故鄉情懷

「台東」，一個外人普遍認為與「偏遠」一詞畫上等號的山城，台灣最後一處淨土及純樸的地域，它是我的故鄉。那裡有釋迦、鳳梨、洛神花和金針，還有初鹿牧場的鮮乳。富崗漁港開往蘭嶼、綠島的固定航運，一樣熟悉的鳴笛聲，一樣湛藍的海景，何妨人與貨物一起堆疊，一路顛簸，回家的心卻喜悅盪漾。

記憶中，兒時常伴我成長的遊戲竟是自製竹炮與陀螺，每逢稻米收成後，就玩起掀開躲藏在稻草覆蓋下的青蛙與泥鰍的捕捉賽事，而今想起小時候的無知，也深表懺悔，雖然只是個兒戲。

其實，我的家鄉並不全然是知識沙漠的代表，人民勤儉堅韌，不向命運低頭的性格，才是轉變逆境的磐石，從我母親一手撫養九個兄弟姐妹的艱苦，可以看出端倪，尤其在那個生活普遍窘困的年代裡。而家鄉的人情味更是濃得化不開，只要村內發生任何大小事情，左鄰右舍，隨即呼朋引伴，互相幫忙，協助度過難關，那一種濃郁鄉情，可以說難能可貴。

當年打敗日本和歌山隊的紅葉少棒隊，一時受到國人的簇擁歌頌，赤腳小英雄今已白髮斑斑？曾幾何時，時間的巨輪，不知不覺中已向前推進了五十年；亞洲鐵人楊傳廣和知名藝人張惠妹，以及賣菜捐款助人的陳樹菊，一直是台東人的驕傲，也許還有更多值得傳頌禮讚的扉頁……。

知本溪床露天溫泉曾踩踏的印痕，是不是都已被每逢颱風必經的路線夾帶雨水沖刷得無影無蹤？但內心依舊遺留一幕幕的甜美記憶；忘不了端節蒸煮的粽香，母親總會把第一顆熱騰騰的粽子，塞給守候在灶前多時的我，滿足幼小心靈貪婪渴望的眼神。

小時候過農曆年的鯉魚山，總是熱鬧滾滾，瀰漫著一股濃濃的年味，一排排叫賣的攤販，把寧靜的小鎮硬是吵熱了起來，最想念的是令人垂涎三尺的棉花糖和糖葫蘆；年初一一大早雞啼，喚醒熟睡中的我，隨即與哥哥姐姐迫不及待地穿新衣著新鞋一路飛奔到鯉魚山，僅僅是小小山麓，卻曾陪我度過無數快樂的童年。元宵節感受震撼力的炮炸寒單爺，現已列入「北天燈，南烽炮，東寒單」齊名的台灣三大民俗活動之一。若值東北季風強勁，而揚起卑南溪上的滾滾黃沙，吹得滿城漫天飛舞的灰濛濛奇特景象，還有那高達37度的焚風，我們都在這種環境中長大，也成為故鄉不可或缺的生活點綴。誠然大自然的災厄，獨厚台東，有時難免會抱怨老天爺的不公平，但人們認命及硬頸的精神，才是改變命運的關鍵力量。就像我一路走來縱使境遇乖舛，總是憑著知足感恩的心，不向命運低頭，一路昂首向前邁進。

台9線通過卑南鄉進入台東市筆直的綠蔭大道，刻意保留著兩旁粗大樹幹的茄苳與刺桐樹，是我從小看著它長大，曾庇蔭台東人半個世紀的歲月，每逢過節返鄉探親，車子駛過長長的林蔭，總有一股溫馨沁涼的感覺；想到人生的無常，思念我至親的父母，也在太平洋第一道曙光乍現的太麻里，深深長眠於冷冷的墳上，每年清明我都會到墳前獻上一炷清香，是一種為人子女的追思，感念的心。

二〇〇九年莫拉克颱風再次重創台東，至今仍無法抹去知本金帥飯店大樓倒塌的驚悚畫面，但家鄉父老很快就站起來重整家園，其實，最重要是讓我們反思，環保意識抬頭，千萬別低估大自然反撲的力量，要學習與大自然共存共榮的態度；在科技的文明裡，人類的世智辯聰，總是令人無法正常想像，縱使可以解決物化的疑難，卻無法徹底斷除內在的無明。雖然我已遷居他鄉，但心依舊繫著故鄉的動靜，所謂：「人不親土親」，懷念那孕育我成長的故鄉，無論悲與喜，「台東」，永遠都是我最大的榮耀。

84 映象流蘇

每天早晨送孩子上學後，於回程中我都會順道到花蓮市區的美崙山健行，時值陽光初醒正冉冉上升，當走到半山腰路口時，我的目光總會被眼前這一棵滿頭雪白的樹花吸引，佇足欣賞其散發出淡淡的迷人花香與風采，正如木牌上兩個斗大的字：「流蘇」一樣的引人入勝！流蘇屬木犀科，落葉喬木，葉對生，圓形或橢圓形，深綠色，花開後九至十月結果；原產於日本、中國及台灣，每逢春季時分，都能目睹它綻放滿樹雪白的美麗身影；據傳，它就像古代仕女，身上所穿衣服上的流蘇而得名，又名「六月雪」。

美崙山，舊稱「米崙山」，是一座海拔一〇八公尺的小丘陵，動植物生態豐富，種類繁多，因為它位於花蓮市區北端，交通便利，林木蓊鬱，是市民散步休閒的好去處；因此，晨間，三五成群社團聚會，運動健身的早起民眾，總聚集在全山的各個樹蔭涼亭下，呼應運動人們的跑跳節奏，此起彼落的笑聲，猶如一幅人間仙境，縱然突兀的一兩聲吱喳的蟲鳴鳥叫，也會讓人心曠神怡；享受此春意盎然，和風悠揚，一席的寧靜，彷彿停格在時空迴腸的浪漫裡。

從山下沿著水泥步道蜿蜒步行而上，我屏氣調息，一路持續作深呼吸及甩甩手的動作，循稜線小路緩坡走回停車場時，已感覺通體舒暢，對於都市生活中的人們，此種運動方式，其實簡而易行，一天的活力，必定讓你神采奕奕。

時過四月下旬，當「流蘇」再度呈現眼前時，不過是半個月的光景，白皚皚的花卻已繁華落盡，繽紛不再，不禁感慨世事無常多變，花開花謝最是明顯。想起唐朝龍牙禪師的偈語：「朝看花開滿樹紅，暮看花落樹還空；若將花比人間事，花與人間事一同。」世間事無不是剎那剎那的生滅變異，卻沒有一樣可以永恆常在的，所謂：「秋觀黃葉落，春睹百花開，看物變以悟無常，感時遷而入真道。」如果你能了達無常及因緣法，把握當下，恆持正念，堅持做自利利他的事，人生就不枉白走一遭；無論世事如何變遷，其實，每個人的清淨佛性，本自具足，面對外在的「五欲六塵」，如何對境練心，如如不動，在每個人的生命過程中，確實也考驗著我人多少定力與欲望的拔河？相信，「智慧」是點滴累積的功夫，當然，要做到「百花叢裡過，片葉不沾身。」對於一般人而言，似乎不太容易。其實，生命裡，一切事相，大多是「見聞覺知」，由個人意識心的執著與分別而來，生滅法裡既無永恆獨立，本體上又何來的得失與淨垢？當你嘗盡法味，參究實相時，那時，心中已能隨緣自在，「放下」便是。

85 春暖花開

當春意的腳步翩然掩至，還來不及向寒冬說聲再見，你就把春的臉，妝扮得如此莊嚴；是誰，用愛填補人間那一塊遺落的缺口，使它繽紛。

昏黃微光伴我踽踽步履，卻只有盞盞的路燈知道；春暖花開時節，百花爭豔，窗外的微風細雨，讓我一度躊躇於古色晦暗的迴廊裡。我竟然忘了！人生的美景稍縱即逝。

生命的長河，終點與起點，究竟該從何算起？總是讓人分不清，望不盡。

縱然只是一個不起眼的微笑，只要你願意伸出你的手，散播愛的種子，便可以溫暖人心；擺渡人間，需要堅毅的步伐，無論世事流轉多久，切記，向鳥飛蝶舞的遠處直直走去，光明的跫音，會在下一個人生驛站等你。

86 秋的聯想

漫步在秋意迷濛的小徑，風吹過了台9線，通往七星潭海邊的彎道，守候在路肩那一排筆直的黑板樹，正以窸窣的聲音，高唱著歡迎歌，迎接屬於飄落的季節。

從天空灑下幾束掩映西落的夕陽，晚霞更將秋，彩繪成一幅耀眼的金黃。

數不清前塵有多少個想望的日子，你我總喜歡與晨曦的第一道曙光相會，坐看波浪推擠出靦腆的笑容，層層疊疊，忽遠忽近，人生宛如潮水推移，起起伏伏，誰又能免於輪迴？

明年秋色，在大自然時空的更替中，希望時序不致錯亂；縱使遺忘了你我下次期約的邂逅，只要內心曾經擁有綺麗的風光，及湛藍的天，相信，感動的音符，依然可以恆久繚繞人間。

87 秋意正濃

一年容易又秋天，轉眼間，時序又拉回到落葉飄飄的季節，一個如夢如幻日子。相信很多人都喜歡秋，因為秋，讓大地是一片彩妝，景致分外的瀟灑迷人，也帶點些許的愜意，就像秋詩篇篇；數不清有多少個秋意濃濃的日子，我在後山的這一邊，度過我悠悠的歲月，懷思、簡樸、真實、無爭的度日，只是偶爾揚起一絲的愁緒，綴成一串串思念的圓，在秋的月夜裡，更加濃郁，恰似秋蟬的吟唱，傳達了深深的相思。今年的秋，來得晚些，有如少女般的矜持，欲語還羞，時而隨風舞動，時而嘶聲蕭瑟，灑落一地的葉紅。無非是多情的風，喚醒後山小鎮初秋的靜謐。秋來了！秋真的來了！你是否也嗅出一股秋意正濃？過了秋就是冷冷的冬，我們得提早耕耘，邁開腳步，為儲存生活的冬糧，勇敢迎向未來！

88 風的對話

無垠的海岸線，蔚藍的天空，忽見風飄動在北濱公園鬱鬱蒼翠的小徑，與我邂逅；猜想風，也許喜歡這裡淳樸饒味的漁村風情吧！寒露時序，在花蓮北濱，迎風搖擺高高的椰子樹，點點帆影的漁船，波濤洶湧的海浪，還有西堤上那一座如詩意般的燈塔，這般光景，似乎都在迎接風的來訪。

風說：「我喜歡海，且讓我佇立在海邊的沙灘上，與浪濤潮水嬉戲，暫時拋開世事的紛擾。」我回答：「狂性自歇，歇即菩提；暫伏不是究竟，最好能萬緣放下！」我與風誠摯的對話。

風終於聽懂了，點點頭，緩緩爬上棧旁的山丘，和我揮揮手，一溜煙，拂袖而去。

頑皮的風，最後慢慢鑽進安身的被窩，隨暮色的鼾聲逐漸落入平靜的夢鄉。

89 牽牛花

晨間，在微風細雨的伴隨下，我信步走近金露花與大葉仙丹交錯的鵝卵石引道，欣賞攀爬在坡坎邊那一朵朵牽牛花；時空雖已飛逝了好遠好遠，也曾牽繫著一段初戀悸動的故事，今天，又撥動心弦，就在眼前，與陽光同時照耀，燦爛無比。

年輕時，牽牛花是點綴我生命中喜悅的誘因，獨獨偏愛它純潔飄逸，透析著泛紫的丰采。常常畫一張小小卡片，裡面鋪陳著朵朵的牽牛花，然後寄給遠方的她。

牽牛花漫溢的花香，多次讓我迷惘心動，感恩在那些飄蕩的日子裡，陪我度過無數的孤寂；時至今日，任憑滄海桑田，那朵牽牛花潔淨優雅的形象，依然扎實的烙印在我心中，久久不去。

90 喜悅的種子

記不清是哪一年的春天，我們足跡踩踏在東海岸銀白的沙灘上，放縱青春馳騁於蜿蜒的海岸公路，尋著歡樂的蹤影，一路奔放。

看田埂邊一畦畦低首的稻禾，及黃澄澄的向日葵，用純真的微笑，歡迎遠客的我們；林蔭野溪，蟲鳴鳥啼，驚豔於這裡大自然山水，好真且好美！

日落黃昏，當我們拖著疲憊的身軀，回到山坡的民居裡，矗立門口創意的雕像與圖騰，似已說明了這裡人們一種樂天知命的性格；雨停滯於春曉的午後，彩虹終於浮上地面，用力地在天空吹出了一個勻稱的半圓弧，就像伊人靦腆微笑的倒影，正好與湖濱山色相映。

人生無論順逆起落，窮通得失，且用平常心看待；其實，生活中可以少一點名利的追逐，因為，真正的富有，不只是外在的物質或打扮得光鮮亮麗，而是內心的知足及樂於與人分享喜悅的種子。

91 綻放在花海中的車站

北迴線往花東南行過了花蓮的第一站就是「吉安站」了，近幾年在媒體有意無意的推波助瀾下，這裡也曾掀起一股鐵道旅遊風，硬式車票「吉祥平安，長壽豐收」造成熱賣，另一方面，「吉安」曾票選全國最適合居住或退休養老的地方。毗鄰花蓮市不到五公里，實際上也紓解了不少花蓮站擁擠的旅運量。

過去搭火車，每次進出吉安車站總是形色匆匆，來不及欣賞它恰似等著你憐香惜玉的美，如果未曾來過吉安，當你第一次遇見樸實無華的車站外觀，絕對會被它的古意所深深吸引。入口處鐵柵門後方再往裡頭探索，通往第二月台的長廊引道，兩旁排列著各式花卉盆景，爭奇鬥豔，綠意盎然，好整以暇地迎接熙來攘往的旅客，遠處那一片紅黃藍綠五顏六色的花海，讓人目不暇給，此景也只有「讚歎」與「驚豔」可以形容！大家共同的聲音只有一個：「哇！好像是後花園耶！」

站外牆上標示著藍底白字的「吉安站」三個字，及屋頂隨風飄揚的國旗，不管晴天風雨，一如站內豢養的那一隻忠心的黑狗，總是默默守著它歷經斑駁的滄桑歲月，盡責的迎接人來人往；女兒牆邊鑲繞著原住民黑白相間的圖騰，格外醒目。站內十來坪大的候車室，擺放著幾張用鐵道枕木拼製的黝黑長條座椅，搭配牆上那數幅山水畫，襯托出頗富古樸的地方人文色彩，讓人發思古之幽情，更可一窺經營者的用心與創意；遠道的旅客到此一遊，真有賓至如歸的感覺。候車室裡裡外外總是一塵不染，給人第一印象格外舒適清爽。對於興致於單車族的人們，離此不遠的南華村，沿線遼闊田園風光的初英自行車道絕對是單騎愛好者最佳試煉的去處，沿著日據時代就已開鑿的吉安一號水圳，一路風光明媚與蓊鬱山林並肩，雖然總長只有一點六公里，卻是吉安鄉農田仰賴灌溉的重要水資源。福興村上的吉安苗圃公園，是一個幽靜的休閒賞花去處，占地將近一千五百坪，亦可提供戶外教學，其特色在於長一百一十公尺的彩繪圍牆，值得佇足觀賞。

吉安鄉昔名七腳川，日本統治台灣時期，明治四十四年八月改名吉野，民國三十七年吉野鄉改為吉安鄉，大正三年一月二十九日設吉野驛，光復後改稱吉安站。新建之吉安站於六十九年二月一日啟用，距花蓮市三點四公里，南臨志學站八公里，為三等站。吉安鄉氣候溫和，景致宜人，生活機能佳，近年來，人口迅速成長（目前約為八萬人），由於國人慢活觀念興起，因此也帶動了公共運輸鐵路旅運的蓬勃發展，此地居民大多以鐵路為主要對外交通工具；尤其最近幾年，居民生活水平提升，觀光旅遊及休閒養生，一時蔚為風潮，吉安幸福小鎮，不脛而走，相對也提高吉安站的人潮客運量。

吉安站幅員廣大，站場面積達八點六公頃，除了鐵道之外，空地全栽植林木及種植花圃作綠美化工作，玉蘭花是花叢中最清秀芬芳的一株，亮麗的外型不須刻意妝點，已然氣宇奪人。所謂：「前人種樹，後人乘涼」。一切成就，都是眾緣和合，我們都要心存感恩。

六、七月正是玉蘭花盛開的時候，夜幕掩映，隱隱中就有一股清香飄送而來，讓我們也能享受馨香，同霑喜悅，這是施與受的交織，人與花的情感交流，有情世界無情花草無言的對話啊！索性摘一束玉蘭花回家供佛，讓佛堂浸淫滿室芳香，淡淡的，那是一種生命底蘊靈韻的交融。

矮仙丹、九重葛及軟枝黃嬋，錯落其間，與波斯菊花海連成一片，相互輝映，隨風騷首弄姿，細細品嘗，猶教人流連忘返。若能忘卻俗慮，放下塵勞，賞花不愧是提升心靈與消暑止渴最直接的一帖良藥。鄰近的一畦田，全種植山蘇與龍鬚菜，而龍鬚菜、韭菜及芋頭則名列吉安三大特產；日據時代遺留的三級古蹟……慶修院，常是外來旅客慕名參訪的景點，室內莊嚴靜謐的氛圍，可以使人攝受身心，頓時清涼；來到吉安農會經營早負盛名的「吉農冰城」，恰好提供炎炎夏日美味可口的消暑冰品；每逢週休假日，總見人潮聚集，趨之若鶩。

還有開發不久的知卡宣公園，滿園花團錦簇，正期待著你去遊賞。山腳下的楓林步道，順著山勢陡坡緩緩而上，兩旁的相思樹林，一座寺廟，晨鐘暮鼓，梵音繚繞，有一種深邃幽靜的感覺。當第一道曙光乍現，與蟬鳴鳥叫相呼應，一場另類交響樂的心靈饗宴，從此啟動。

其實，人與大自然的脈動交流，可以說是無時無刻，無處無相，無不在演繹著因緣與無常，試問我們可曾善用六根？是攀緣追逐抑是隨緣放下？何不停下匆忙的腳步，敞開心胸，聆聽自己一如大自然生命最底層的原始原音！當落日消失在地平線上，妄動的思緒隨暮色漸漸停歇，這一天，我在慈雲山坡的觀景台一隅，憑欄眺望，遠處坐落在花海中的吉安車站依舊在書寫歷史，與人廣結善緣，持續閃耀著自然的光彩與韻涵，彷彿星光明月般的燦爛。

92 銅門山色

那天，懷著多年前與銅門邂逅的記憶，尋幽訪勝，我來到銅蘭山邊蜿蜒的小徑，油桐樹的婆娑身影，雪白的花瓣隨風繽紛飄落，從山澗一路瀉成長串的彎彎流水，恰似一首輕盈嫵媚的溫柔的歌，在你耳畔輕聲吟唱，我歇止漫步，席坐在岩石上，欣賞夕陽餘暉，金黃照耀，數年後的妳，素顏相見，依稀美得那麼自然。

人生有多少個年歲，我們懂得停下腳步，靜靜傾聽身旁潺潺流水似心的呼喚，儘管蟲鳴蝶舞，鳥語花香的一般尋常，你會發現，與大自然對話，只要有心，其實不是那麼難以際遇；坐落在山坳的村落，少了世俗塵囂，這裡的村民或許已習慣過著與世無爭的生活，空氣中瀰漫著一股鮮活的恬適靜謐！安逸的生活，雖令人嚮往，如果可以的話，我倒願意走入紛紜的紅塵，因為，入世需要長養更大的慈悲與智慧，在人生學習的菩提道上，何其重要。

森林的芬多精，洗淨我一身的塵垢，橫臥在木瓜溪床的銅門橋，不知不覺已近在咫尺，我站在山巔高崗上往遠處眺望，那澎湃湍急的溪水，依舊向東流逝，分秒必爭地與時間賽跑著；蔚藍的天，和那座微微搖盪的古老吊橋，相映成趣，遠處層層山巒濛濛，一幅山明水秀，盡收眼底；野百合花上的點點露珠，深澄透明，是一杯清香的茉莉花茶，啜飲一口，何等清涼？生命猶如奔騰的時光隧道，一直輪轉，沒有盡頭；萬事萬物，藉境淬鍊，可以照見清淨自性，如一朵天山雪蓮般的聖潔無瑕；當暮色逐漸暗沉，銅門的美，除了寂靜質樸之外，似乎多了一份芬芳馨香的感覺。

93 邂逅東海岸

昨夜的風，敲響了串串風鈴，驚醒我矇朧的睡意；櫥櫃裡，那一疊古樸泛黃的照片已模糊得讓人無從記憶。迷惘的旅人，遠颺的跫音，在青澀的歲月裡，引我走過長長的東海岸，聽濤、看海，海天一色，美不勝收。那一片爬滿斑駁矮牆的牽牛花，曾是你我最常佇足長談的地方。

轉個彎，水璉、石梯坪與八仙洞，映入眼簾，勾起我心的悸動，是回想逐浪追夢的年少輕狂。不知何時，那一抹淡淡的往事雲煙，猶然埋藏在你我內心深處，也許時過境遷，人事已非，我想知道，曾經我們走過的足跡，是否仍烙印在這後山的小鎮？直到化不開，揮不去；姑且就歸於緣起緣滅的聊慰吧！

滄海桑田，如今時光不再，是歲月牽動著你的寂寞，還是我的多情？縱然已然送走了千萬遊客的塵封遺落，我竟無法於意識中消逝？

迎著太平洋飄來的涼風，縱然摻雜些許的鹹味，總喜歡任風在我臉頰輕吻。過了鹽寮，山坡上的蘆葦草，隨風搖曳，一波盪漾，一份婉約，婀娜多姿的景緻，總是楚楚動人。極目望去，遠處錯落幾間紅瓦白牆的小屋，點綴在這靜謐無言的山城，彷彿天邊一閃一閃的星星明亮，訴說著每一個生命動人的故事；當山嵐氤氳再起，雲靄和風一起羞赧地躲進森林中，不時回眸凝視，款款深情，是不是深怕我將你遺忘。

蔚藍的天空，白雲飄飄，忽起忽落，似乎在熱情招呼我們遠來的過客；只有明月的光，從亙古到今朝，依然平等照耀。瞧！這詩人筆下的桃花源，沒有驕矜做作，如實地與我邂逅，就在眼前。

讓我盡情地享受這純樸、原始、平靜的民風，在後山的東海岸，細細品嘗。蜿蜒的台11線，經過長虹橋、北迴歸線標誌，路邊一叢叢純白璀璨綻放的野薑花，面對無情的風雨，仍展現生命的堅韌力。這一切，似乎在告訴我們，萬法緣起性空，誠如經典所說：「一切世間動不動法，皆是敗壞不安之相。」凡事若能不住著，不妄執，不分別，就能隨緣自在，清淨解脫；情與無情，萬事萬物，在在處處，試問哪一樣不是方便示現，演暢法音宣流，為我們眾生說法呀？

94 驀然的懷舊

在東岸小城一隅，蜿蜒的須美基溪長堤上，昏暗的路燈，陪我踱著無數等候的日子，引領我揮別青澀歲月的斑駁。這一條五十公尺的古樸老街，隱著數間五〇年代的日式瓦屋，主人已將它妝點雕塑成詩情畫意的時尚咖啡屋，與鄰近大樓不盡協調，也許可以緩衝現代人匆忙的步調。

午后時分，靜靜坐下，一壺濃郁的烏龍，一份報紙，一張矮凳，足可度過一個長長的下午，讓靈感福至心靈。兩根門柱刻有「誰非過客，花是主人」，橫梁鑿刻斗大醒目的「思想起」三個字，屋內播放著蔡琴獨特渾厚的歌聲……輕縈迴盪在古樸窄弄中，一時之間，我竟也沉醉。

人生有多少個悠閒時光能夠萬緣放下，除非已悟到了空性，否則生、老、病、死的無常，緣起緣滅的世事，無時纏縛；如果凡事懂得感恩、惜福，把握每個當下善的因緣，內在的智慧，又能了了分明，念念無滯，便可擁囊三千於一心，何勞他求？宋朝無門慧開禪師：「春有百花秋有月，夏有涼風冬有雪，若無閒事掛心頭，便是人間好時節。」多少人能會意？世事彷彿時序嬗遞一般，因緣生滅；無論順與逆境，放下執著眷戀，休息也無妨，人生總要有驛站，好走更長遠的路，不是嗎？

95 讓愛溫暖人間

只要你願意往前跨一步，與熱情靠攏，距離不是問題，
只要你敞開心的城門，陽光必定絢爛；
生活中，人我之間，一句問候，一個讚美，善意回應，舉手之勞，
都是友誼的開味菜；好話一句三冬暖，沒有訣竅，就是這麼簡單；
燃燒愛的溫度，點亮心燈，你我就是引線。
微笑是溝通最佳的橋梁，用尊重熔解疏離，以愛語取代責難，要
讓善的因緣持續發酵；
少計較，多付出，快快伸出你的雙手，傳遞友誼，讓愛溫暖人間。

96 菩薩

不知走過多少山澗水湄
接續著無數個子夜星辰
以大地為廬　白雲為帳
一路恆持　陀羅尼曰
梵音像海潮般地翻騰
一遍又一遍　一句復一句
不斷在內心迴旋激盪
佛陀教法
縱然八萬四千法門　權巧方便
唯靠　菩提願力
但願眾生得離苦　不為自己求安樂
也許　一缽千家飯　孤身萬里遊

行到水窮處　便是自家寶藏　唯心淨土
無論　出世入世　入世出世
佛法的總綱　不外演暢　慈悲與智慧
菩薩是您　已然化作千百億化身
以
開　示　悟　入佛的知見
平等度化　法界有情
願
多生累劫　眾生的無明生死
漸漸超越　昇華　解脫　變異
直向
轉凡成聖　圓滿菩提

97 菩薩身影

在黑夜裡　您是一盞明燈
在大海中　您是領航舵手
在絕望時　您是苦海迷津
像風一陣　冷冷吹拂輕盈滑過如解深密語　撼動我凡情交織初醒的夢　總在茫然時分
如雨一般　涓涓而下滴答作響如暮鼓晨鐘　喚回我沉痾不復貪婪的心　總在妄動境地
蛻變
梵音像曼陀羅輕柔
信念如金剛杵堅固
菩薩身影　常常走入人群　利濟群生
菩薩耳根　時時尋聲救苦　膚慰有情

八萬四千法門　門門是道
演繹
出世入世　入世出世
你可知道　真正的自家寶藏　不在別處
唯心淨土　自性彌陀
你可知道　社會　善的力度增長一分　惡的相對減少一分
菩薩心鑰　重在　發心立願　悲智雙運
菩薩行持　可以　慈悲喜捨　廣結善緣
願
眾生的無明纏縛
究竟超越　畢竟解脫

98 感恩的心

當我們羽翼初長的時候，爸媽的雙手，已默默為我們鋪築一窩溫暖的巢，讓我們無憂無慮以安度嚴寒的冬；

當我們孤零無助的時候，社會的溫情，已熱切為我們填補了失望的缺口，讓我們有勇氣迎向未來美美的夢；

切莫忘了，感恩的心，要永遠儲存於我們心中，作複製、貼上的動作，成為禮讚生命無上莊嚴的序曲。

世間萬事萬物，都涵蘊在生滅的無常裡，唯有付與真誠感恩，才是今生持守不變的永恆。

當我們看清自我真正假相時，往昔燃燒無明的引信，將會逐漸熄滅；當我們不再有叨叨語意時，你已告別人我分別的對待，與真理靠近，走向恬安澹泊的絕對的自在。

99 海天佛剎

二〇一〇年十月中，我一個人獨自踏上弘法的旅程，到那既陌生又熟悉的地方——澎湖，二十年前我曾來過，我的心情，夾雜著期待與歡喜。「海天佛剎」，一個如詩意般的名字，曾讓我嚮往不已。坐落在台灣海峽中線以南冷暖交匯的夢境島嶼，屹立著一棟雄偉不失莊嚴的仿古寺廟建築，在澎湖獨有的澎湃浪濤下，向晚，一抹紅霞，長廊的椽簷恰與海天一色，色調顯得格外的柔和平靜。

堆積建後的七千多個日子，青春在指縫間瞬息溜逝，當我再次造訪時，您風華依舊，血液裡流淌著一股堅韌的信念，縱然東北季風不曾停歇。〈外婆的澎湖灣〉傳唱在大街小巷中，依然清澈響亮；不變的是，端坐在大雄寶殿上的佛像，仍然炯炯有神，慈悲莊嚴，護佑著天人菊的故鄉。

早晚課誦的梵唄聲，悠揚迴盪，大殿裡總散發著一縷縷的清香，該是信徒始終不變的虔敬供養吧！告別強勁的東北季風，師父的伴手禮隨我與飛機爬升到八千英呎的高空，俯瞰遠颺的晨鐘暮鼓，內心帶著滿滿的祝福，希望很快我又能回到這純樸的小鎮，和您述說二千五百年前遙遠的故事；揮一揮素淨的青燈古佛，那有情有義，永不退票的宗門遺風，至今，猶令人肅然起敬。

100 六度萬行

曾經　是迷失的羔羊　在荒草湮漫的曠野　一再迴繞　流連
曾經　如貪婪的餓狼　在五欲六塵中迷惘　怎願捨離　放下
縱使　陷入萬劫不復的泥淖　是您　用平等下心的手　化作甘露
撫慰了我的傷口　彎下腰　輕輕地　一把扶起
卻沾滿您一身的污泥　無以慚愧　為什麼　菩薩　您
仍慈顏微笑　迎向
一直以來　我的思惟　趺坐在香煙裊裊　大殿的您　非人非相
直到最後　掙脫桎梏
來到座前　我以悃誠　五體投地　頂禮　再頂禮　懺悔　再懺悔
想望　循著您修證的遺跡　慈悲與智慧　開演　波羅蜜多　步步
輾轉法輪　投向　眾生　乾涸的心
您的光　您的熱　百千萬劫　依舊溫暖　菩薩摩訶薩

是您　遊化娑婆　廣度有緣

行持於六度萬行

參考文獻

一、《星雲禪話》共四冊，星雲大師著，佛光文化事業有限公司，一九九九年出版。
二、《星雲模式的人間佛教》，滿義法師著，天下遠見出版股份有限公司，二〇〇五年出版。
三、《佛教叢書》共十冊，星雲大師編著，佛光山宗務委員會，一九九五年出版。
四、《佛光教科書》共十二冊，星雲大師編著，佛光山宗務委員會，一九九九年出版。
五、《佛光大辭典》共三冊，慈怡法師主編，星雲大師監修，佛光文化事業有限公司，一九八八年出版。
六、《六祖壇經》，共四冊，星雲大師講述，香海文化事業有限公司，二〇〇〇年出版。
七、《金剛經講話》，星雲大師著，佛光文化事業有限公司，一九九八年出版。

八、《一池落花兩樣情》，星雲大師著，時報文化出版企業股份有限公司，一九九七年出版。
九、《八大人覺經十講》，星雲大師著，佛光文化事業有限公司，一九六〇出版。
十、《浩瀚星雲》，林清玄著，圓神出版社有限公司，二〇〇一年出版。
十一、《法相》，慈莊法師著，佛光文化事業有限公司，一九九七年出版。
十二、《一字禪》，依空法師著，圓神出版社有限公司，二〇〇四年出版。
十三、《華嚴經講話》，鎌田茂雄著，慈怡法師譯，佛光文化事業有限公司，一九九三年出版。
十四、《悅讀法華經》，滿謙法師著，香海文化事業有限公司，二〇〇六年出版。
十五、《戒壇儀範》，佛光山宗務委員會編著出版。
十六、《六祖壇經註釋》，東方佛教學院編著，佛光文化事業有限公司，一九七〇年出版。
十七、《維摩經講話》，竺摩法師著，佛光文化事業有限公司，一九七九年出版。
十八、《般若波羅密多心經要釋》，斌宗法師著，和裕出版社，一九九九年承印。

人間文學080

看見
改變的力量

作　　者　張　群
照片提供　慧融法師

總 編 輯　賴瀅如
編　　輯　蔡惠琪
封面設計　葉秉賢
內頁編排　蔡佩旻

出版・發行　香海文化事業有限公司
發 行 人　慈容法師
執 行 長　妙蘊法師

地　　址　241新北市三重區三和路三段117號6樓
　　　　　110臺北市信義區松隆路327號9樓
電　　話　(02)2971-6868
傳　　真　(02)2971-6577
香海悅讀網　https://gandhabooks.com/
電子信箱　gandha@ecp.fgs.org.tw
劃撥帳號　19110467
戶　　名　香海文化事業有限公司

總 經 銷　時報文化出版企業股份有限公司
地　　址　333桃園縣龜山鄉萬壽路二段351號
電　　話　(02)2306-6842

法律顧問　舒建中、毛英富
登 記 證　局版北市業字第1107號
定　　價　新臺幣310元
出　　版　2025年6月初版一刷
建議分類　散文｜勵志｜人間佛教
I S B N　978-626-99664-0-0

香海文化　香海悅讀網

國家圖書館出版品預行編目（CIP）資料

看見改變的力量 / 張群著. -- 初版. --
新北市 : 香海文化事業有限公司, 2025.06
372面 ; 14.8×21公分. --
ISBN --978-626-99664-0-0 (平裝)
224.517　　114004640

版權所有　翻印必究